LA CITÉ

Notre époque s'est découvert une nouvelle passion : l'intolérance.
Sur les réseaux et les plateaux, on criminalise celui qui ne pense pas comme nous. On le dénonce, on veut l'empêcher de parler.
Il est urgent de recréer un espace où puisse se tenir la rencontre sereine et exigeante des idées.
C'est tout le sens de cette collection d'essais des Presses de la Cité.
Poser les bonnes questions (même si elles dérangent), respecter les faits, ouvrir des perspectives : telle est la ligne de conduite de La Cité.
En un mot, raviver la liberté de l'esprit.

DANS LA MÊME COLLECTION

Mathieu Laine, *Infantilisation*, 2021

Mathieu Bock-Côté, *La Révolution racialiste et autres virus idéologiques*, 2021

Ferghane Azihari, *Les Écologistes contre la modernité. Le Procès de Prométhée*, 2021

Didier Pourquery, *Sauvons le débat. Osons la nuance*, 2021

Mathieu Slama, *Adieu la liberté. Essai sur la société disciplinaire*, 2022

Anne de Guigné, *Le Capitalisme woke. Quand l'entreprise dit le bien et le mal*, 2022

Olivier Postel-Vinay, *Sapiens et le climat. Une histoire bien chahutée*, 2022

Michel Guénaire

APRÈS LA MONDIALISATION
Le retour à la nation

Les Presses de la Cité

92, avenue de France – 75013 Paris
ISBN 978-2-258-20281-8
Dépôt légal : octobre 2022

Michel Guénaire est un avocat d'affaires reconnu et plusieurs fois distingué, spécialiste des questions de droit public et de l'énergie. Écrivain, il a publié un roman (*Le Premier,* Quai Voltaire, 1994), huit essais, dont *Déclin et renaissance du pouvoir* (Gallimard, 2002), *Il faut terminer la révolution libérale* (Flammarion, 2009) et *Le Retour des États* (Grasset, 2013), une anthologie du libéralisme, *Les Deux Libéralismes* (Perrin, 2011), et une biographie, *Pierre Gide. Une vie d'avocat* (Perrin, 2020).

À Jeanne, Côme et Madeleine,
le souffle du printemps

La guerre n'est plus déclarée, mais poursuivie.

Ingeborg Bachmann

Sommaire

Introduction générale

La fin d'un cycle

Voici le moment de l'Histoire dans lequel nous entrons : l'évolution du monde que les nations suivaient depuis la chute du mur de Berlin est interrompue, la croyance elle-même dans la mondialisation ne renaîtra pas de sitôt.

Mais les crises s'inscrivent dans des évolutions historiques de long terme, et ne s'en détachent pas. On croit à un monde nouveau après elles ou au fameux *monde d'après*, alors qu'il s'agit seulement d'une étape dans une évolution plus ample.

C'est cette évolution que retrouvent et à laquelle appartiennent à nouveau les nations, qui prolonge le cycle des trente dernières années. Les questions que les hommes croyaient avoir résolues se posent à eux de nouvelle façon : quel espace faut-il redonner à la démocratie ? Dans quels domaines les nations doivent-elles retrouver leur souveraineté ? Quelles règles peuvent fonder un nouveau commerce international ? Quelles places prendront la démographie et l'énergie dans la transition écologique ? Jusqu'où pourront aller l'autonomie de la société civile et celle de la société de droit dans le corps renaissant des nations ? Quel nouvel équilibre du monde donnera toutes ses chances à la paix ?

Des ruptures apparaîtront dans les réponses apportées à ces questions. Elles creuseront le fossé entre ce qu'il est advenu au cours des trente dernières années et le futur. Un univers à la fois ancien et nouveau se découvre, dans lequel les nations cherchent leur voie entre ce qui doit revenir et ce qui doit être inventé, lcur originc rctrouvéc ct dc nouvcaux paradigmes.

L'erreur du monde unique fut de croire à la disparition des nations, mais ce serait une candeur de celles-ci de se couper de la sève du monde. L'expérience du monde et celle des nations sont emmêlées, se nourrissent, s'enrichissent dans l'évolution commune qui les porte. Dans le journal de la mondialisation s'écrit aujourd'hui *le retour à la nation*.

La pandémie et la guerre

La crise qui a précipité la fin du cycle de la mondialisation a été engendrée par lui. C'est bien en effet un monde sans frontières qui a provoqué la propagation foudroyante de la Covid-19, apparue fin 2019 dans la ville de Wuhan en Chine[1]. Les pandémies antérieures, telles la peste d'Athènes durant la guerre du Péloponnèse au ve siècle av. J.-C., la peste noire de 1348 ou la grippe espagnole de 1918, avaient été limitées géographiquement, car la contamination des pays autour des foyers de l'épidémie avait épousé la lenteur des déplacements d'antan. En comparaison, la contamination par la Covid-19 s'est effectuée en un temps record, comme un calque des flux du commerce mondial.

Mais cette crise a été liée à la mondialisation à un autre titre, en révélant l'incrédulité des gouvernements devant une tragédie qui trompait leur confiance dans le monde unique. Ce second point est essentiel. Il dépasse le constat de systèmes de santé défaillants au sein des nations, et dénonce l'incapacité des gouvernements à voir venir le risque sanitaire alors que l'aléa infectieux est nécessairement plus important quand les déplacements des populations s'intensifient. Tandis que les échanges du commerce étaient censés apporter le bien-être, le principe même de l'échange est devenu une malédiction. Les pays les plus engagés dans la mondialisation sont d'ailleurs ceux qui ont eu le plus de mal à gérer la crise sanitaire. L'Occident s'est ainsi montré incapable de mettre en œuvre une politique avec les moyens adaptés, tandis que l'Asie révélait des politiques nationales plus efficaces. Peut-être était-ce parce que celle-ci avait connu le précédent du SRAS en 2003, mais certainement aussi parce que la structure de commandement des États y était moins dégradée. Au sein des pays occidentaux, l'instance politique s'est effacée au profit de conseils scientifiques où médecins hospitaliers, épidémiologistes et autres infectiologues, dans leur controverse, ont dessaisi l'instance politique pour « inviter la foire à la table du roi ![2] ».

Le paradoxe final fut la fermeture des frontières pour le confinement des populations. Dans les épidémies passées, les peuples n'avaient pas été confinés et s'étaient réunis au contraire, le plus souvent pour appeler leurs dieux à les protéger. L'homme de la pandémie mondiale a voulu arrêter ce à quoi il croyait, la libre circulation des hommes, comme s'il voyait dans cette valeur longtemps encensée par lui le nouveau péril. La mondialisation avait atteint un point de non-retour à ses yeux, et « ceux qui avaient le mieux anticipé » la crise sanitaire « n'ont pas eu à mettre leur économie à l'arrêt »[3].

La guerre – une guerre réelle, une guerre d'autrefois – a atteint à son tour le nouvel ordre mondial. Ce sont d'abord les attentats du terrorisme islamique perpétrés contre les personnes, les intérêts et les valeurs de l'Occident ; ce sont ensuite les agressions d'État à État, notamment les deux guerres d'Irak et les conflits nés de l'éclatement de l'ex-Yougoslavie, l'écrasement de la Syrie, puis, dans un temps récent, l'invasion de l'Ukraine par la Russie. Ces guerres révélaient le décalage des nations occidentales par rapport à l'élan de puissance qui naissait à l'Est. Elles étaient une nouvelle traduction de l'incrédulité des hommes de la mondialisation, que l'on avait nommée heureuse devant eux. C'est que *l'homme de la mondialisation ne croyait pas à la tragédie de l'Histoire.*

Par-delà la pandémie et la guerre, il y a la crise profonde des sociétés. La pavane du progrès est dénoncée par les mêmes récits, répétés à satiété aux quatre coins de la planète, de gens délaissés ou déclassés qui sont abandonnés, n'arrivent plus à vivre décemment ou, comme on disait jadis, à joindre les deux bouts, et mesurent chaque jour la perte indicible mais réelle d'un statut bien au-delà de la baisse de leur niveau de vie. Les trente années de la mondialisation sont jugées à leur tribut social. En France, le mouvement des Gilets jaunes, né de manifestations aux ronds-points de routes de province contre une taxe sur le carburant, prolongé par des défilés dans la capitale auxquels se sont joints des groupes violents, ne se limitait pas à une simple forme d'exaspération sociale. Il révélait un abîme social sans précédent. Le pouvoir qui tentait de lui répondre n'avait plus lui-même de base, prenait soudainement peur et vacillait, n'étant plus défendu que par la police. Il devait solliciter, comme on l'apprendrait, l'appui de l'armée, mais celle-ci ne donnerait jamais « l'ordre de tirer sur le peuple français ».[4] Aux États-Unis, le mouvement pour la reconnaissance des minorités, né de *Black Lives Matter* qui voulait faire admettre les droits de la population noire, révélait que le monde unique n'avait pas seulement agi comme étouffoir des nations, mais écrasement des libertés. C'était bloc contre bloc, la traduction de ce qu'avait engendré la mondialisation, la division des sociétés en deux.

Voici comment les nations, confrontées aux multiples crises qui naissaient, verraient s'effondrer le monde dont elles avaient épousé l'évolution durant trente années, et se trouveraient ainsi mises devant leurs responsabilités.

La terrible prophétie

La mondialisation venait à la fin d'un autre cycle qu'avait annoncée un jeune fonctionnaire du département d'État américain, Francis Fukuyama, avec l'expression de « fin de l'Histoire », quand il avait avancé l'analyse d'une issue unique de l'évolution de l'humanité après la victoire de la démocratie libérale sur le communisme[5].

La fin de l'Histoire signifiait celle de tous les systèmes de gouvernement concurrents de celui de la démocratie libérale, mais également de tous les conflits au sein des sociétés. Elle désignait l'avènement d'un modèle de développement qui invitait les peuples à se réunir dans un monde unique et pacifié. L'explication de Fukuyama était qu'à la relation entre le maître et l'esclave, longtemps déterminante dans les régimes politiques, s'était substituée une reconnaissance universelle et réciproque entre les individus. « La démocratie libérale remplace le désir irrationnel d'être reconnu comme plus grand que d'autres par le désir rationnel d'être reconnu comme leur égal », proclamait l'auteur[6].

Dans ce nouveau monde, Fukuyama parlait de « la faiblesse des États forts » et de l'impossibilité pour eux de se maintenir comme des « régimes légitimes » à la face des peuples[7]. La démocratie libérale les avait supplantés. La notion d'État était au demeurant utilisée par Fukuyama pour identifier les seuls totalitarismes. Le régime politique de la fin de l'Histoire était la démocratie. L'État, ou un État seulement distinct de l'État totalitaire, n'y avait pas sa place.

Sa démonstration comportait une autre idée, c'était l'alliance de la démocratie libérale avec le capitalisme néolibéral. La victoire de l'une avait été rendue possible par l'efficacité de l'autre. La faiblesse des États forts était d'abord et avant tout économique. Peu importait au demeurant que ce capitalisme, associé au courant du néolibéralisme qui était né avec les travaux de Milton Friedman et de son école à Chicago, et s'était imposé dans les années 1990 à partir des expériences conduites aux États-Unis et au Royaume-Uni puis, après la chute du mur de Berlin, en Europe continentale, s'éloignât de la fondation du libéralisme associée à une morale des hommes, pour devenir le levier d'une création des richesses qui n'allait pas profiter au plus grand nombre.

C'est la terrible prophétie qui a accompagné la promesse de la mondialisation, dont le temps est maintenant dépassé puisque celle-ci n'a pas été tenue. La démocratie n'a pas éteint les luttes politiques, l'ère de la reconnaissance universelle et réciproque a laissé la place à des antagonismes profonds entre les individus, l'échec du développement des États totalitaires est à reconsidérer quand on voit la renaissance de la plupart d'entre eux à l'Est, et le spectacle donné par la faible redistribution des richesses au sein des démocraties occidentales trahit le message triomphant de la fin de l'Histoire. Fukuyama n'avait pas vu que son accord avec le capitalisme allait en fait ruiner la démocratie libérale, et qu'un monde dont l'injustice serait d'abord perçue sur le plan social détromperait la raison libérale qui l'avait vu naître.

Le projet de la fin de l'Histoire était en réalité de répandre dans le monde un modèle de développement : celui des États-Unis. À l'abstraction mondialiste il faut ajouter le messianisme américain. C'était le temps du *regime change*, expression popularisée par les présidents Bill Clinton et George W. Bush lors des deux guerres d'Irak pour vanter la capacité de renversement des équipes au pouvoir dans les pays du tiers monde, et de la *Nation Building*, création d'un État-nation *ad hoc* adoptant les standards de la démocratie libérale et de l'économie de marché.

L'exportation du modèle américain reposa sur un malentendu. Ce dernier correspondait à une vie démocratique, la liberté du marché et la croyance dans le rôle du droit, si caractéristiques de la société américaine qu'aucune nation au monde ne pouvait les assimiler réellement. La fin de l'Histoire n'était plus alors que celle de la rivalité entre deux puissances par la victoire de l'une sur l'autre, les États-Unis sur l'URSS, et toutes les nations devaient se convertir au modèle du vainqueur, mais l'Histoire, les racines vivantes des nations, leur identité ne pouvaient pas être effacées et joueraient un tour aux Américains eux-mêmes, quand, le 11 septembre 2001, ceux-ci constateraient, avec les attentats perpétrés sur leur sol, le recommencement de l'Histoire.

Au lieu d'adopter le modèle américain, les équipes au pouvoir ont en fait cessé de gouverner leurs nations. Les gouvernements n'ont plus cru à l'État. Le monde communiste était l'ennemi juré qui en avait justifié le maintien ; quand il s'est effondré, l'État semblait bel et bien avoir perdu toute légitimité. Un tel aveuglement, datant d'il y a à peine trente ans, voulait mettre à terre une tradition vieille de plus de quatre cents ans.

L'État moderne est né au XVIIe siècle. Des pays européens avaient alors commencé à se constituer à partir d'États de taille moyenne et d'organisation légère, qui allaient rendre possible leur émancipation des empires du Moyen Âge. Leur liberté de jeunes nations était née de leur structure d'État, qui deviendrait une pièce du grand échiquier des négociations internationales mis en place après les traités de Westphalie, et chaque nation gagnerait ensuite une capacité d'action grâce à son État. Les gouvernements de la mondialisation ont ignoré cette origine de la liberté des nations, et se sont employés à vider de sa substance et de son autorité la puissance publique, qui n'avait plus lieu d'être au temps de la paix internationale née de la disparition de l'ennemi communiste et de l'avènement d'une société marchande devant créer l'entente entre les peuples. Leur aveuglement fait rétrospectivement penser à celui de leurs prédécesseurs avant la Seconde Guerre mondiale, qu'avait fustigée Winston Churchill : « On se complaisait en douces platitudes ; on refusait d'affronter les désagréables réalités ; on recherchait la popularité et les succès électoraux au mépris des intérêts fondamentaux de l'État[8]. »

La paix de Berlin n'était pas la paix de Westphalie. Les hommes de la mondialisation n'ont pas vu que l'organisation politique dont ils se privaient leur manquerait cruellement quand l'ennemi reviendrait. Ils désireraient rattraper le temps perdu, mais ne serait-il pas trop tard ? « Les erreurs de plusieurs années ne se réparent pas en quelques heures », jugeait Churchill[9].

Une révolution intellectuelle et morale

Il n'y a pas eu de fin de l'Histoire, mais un arrêt de la pensée politique qui croyait avoir atteint son but avec ce consensus, court et brutal si l'on y réfléchit bien, autour de la démocratie libérale *made in America*.

L'affirmation d'un stade final de l'évolution a en effet agi comme une pétrification des intelligences. Elle a fabriqué un prêt-à-penser ou la fameuse pensée unique louant le caractère indépassable de ce stade auquel prétendaient être parvenus les défenseurs du nouvel ordre mondial. La réflexion des hommes s'est figée avec les analyses et les commentaires, les messages formulés de façon encore plus courte et brutale sur Internet, privilégiant l'évolution vers le monde unique et rejetant toute discussion sur celle-ci.

C'est l'Europe qui devait le plus subir le discours de la fin de l'Histoire, car ses élites ont cru à l'arrêt des créations et des dépassements de l'Histoire, et une région du monde a elle-même pensé qu'une seule voie conduirait le destin de toutes les autres. Cette région s'est éteinte également à ce moment, aussi bien politiquement qu'économiquement et intellectuellement.

La question qui ne laissera d'être posée est comment l'évolution dans laquelle se sont inscrites ces nations, cette société qui s'est imposée à l'unanimité et progressivement rétrécie, en se coupant des peuples et devenant presque irréelle, comme si un monde rêvé ou abstrait devait l'emporter sur le monde vécu ou réel, n'a pas été perçue avec plus de lucidité. C'est qu'*il n'y avait pas d'hommes libres pour juger le monde libre.*

Il y avait seulement la mondialisation, et l'effort sans relâche que devaient faire les nations pour s'adapter à elle. C'était une évolution sans fin et sans retour. Aux premiers signes de la crise du modèle, à commencer par la crise financière de 2008, les tenants de la mondialisation avaient réaffirmé que les flux entre les nations ne pouvaient pas être interrompus, car les révolutions – financière et numérique – qui les portaient avaient créé une interpénétration des économies sur laquelle nul ne pouvait revenir. En un mot, la mondialisation ne pouvait pas être défaite. Enfin, ajoutaient-ils, dans un ultime coup de bluff idéologique, le coût d'une interruption de la mondialisation serait plus élevé que sa poursuite, qu'il valait donc mieux ne pas stopper. La pandémie mondiale et le retour de la guerre ont donné le coup de grâce à cette vision du monde. Dans la conscience des peuples se fait jour à présent un sentiment : il faut que cesse la fuite en avant ou ce mode d'action s'affranchissant de la vérité des nations[10].

Voici pourquoi le dépassement du cycle de la mondialisation appelle une révolution intellectuelle et morale, un changement d'état d'esprit, la direction et l'action à la tête des nations, qui nécessitent de ne plus penser l'Histoire comme avant. Le nouveau monde n'a pas compris le monde vrai. Il n'y aura pas d'homme nouveau. Il n'y aura surtout pas de stade final de l'Histoire, ni de société définitive, mais seulement un art de gouverner qui cherchera, rejoint par des héritages historiques inaltérés, à apporter les réponses aux questions de son temps et, par-dessus tout, à permettre à chaque nation de trouver son équilibre dans l'évolution historique qu'elle rejoint.

Nous le relèverons enfin : les préjugés de ceux qui voudront maintenir à tout prix la voie de la mondialisation, comme les illusions de ceux qui désireront pousser plus loin la rupture avec le capitalisme, continueront de s'exprimer. Mais le monde d'après, ce fameux monde d'après tant recherché, ne sera ni celui des mondialistes ni celui des altermondialistes.

Nous allons tenter ici de leur répondre, sans les accuser. Il s'agit maintenant de partager l'explication de cette évolution qui s'inscrit, à la suite du *retour des États* que j'avais analysé dans mon précédent essai, dans le *retour à la nation*[11].

1

Les nations veulent à nouveau se défendre

Il n'était tout d'abord pas vrai d'affirmer que les nations disparaissaient ou que l'idée même de nation s'était affaiblie avec le temps, et qu'un monde rompant avec l'histoire nationale était possible. C'était là de simples présomptions.

Nous savons de la meilleure école historique que les plus grands moments de rupture dans l'Histoire ne l'ont jamais été réellement. Alexis de Tocqueville avait ainsi observé la continuité entre l'Ancien Régime et la Révolution, en relevant que des éléments de la structure de l'Ancien Régime, telle la centralisation administrative, s'étaient maintenus dans l'organisation de la France révolutionnaire[1]. Ces éléments de continuité historique avaient d'ailleurs permis de préserver l'acquis révolutionnaire dans notre pays.

Dans le temps de la mondialisation, la loi de la continuité historique aurait été interrompue, les nations étant censées ne plus s'appartenir, vivre dans un présent détaché de leur histoire ou ne plus être construites par elle. La mondialisation aurait opéré comme une abstraction supprimant le récit de cette histoire, et animant au demeurant le retour de croyances religieuses et des combats leur étant associés pour provoquer l'effacement des identités nationales. De ce point de vue, ceux qui pensaient que la rationalité politique moderne avait supplanté la structure religieuse des sociétés constateraient un indiscutable retour de la religion.

C'était une grossière erreur de perspective : l'évolution sur le long terme montre au contraire l'affirmation ou le durcissement de l'idée de nation, au regard de laquelle la mondialisation semble bien être un corps étranger à la vie des nations. On découvrira aussi que celles-ci protègent mieux la démocratie en lui offrant l'espace limité et rationnel qui permet le débat entre les citoyens.

Le durcissement de l'idée de nation

Les premiers États-nations étaient des États plus que des nations, ou des constructions sans lien avec le nationalisme. Leur constitution relevait du seul dessein de monarques qui désiraient consolider leurs conquêtes. Les populations se composaient et se recomposaient au gré des territoires gagnés ou perdus. La détermination des peuples ne comptait pas véritablement pour dessiner les frontières de ces États, qui étaient ainsi le plus souvent multinationaux.

Ce stade historique a été dépassé par l'aspiration des peuples à rejoindre des formes d'États correspondant à l'idée de nation. Timothy Snyder l'a démontré dans son étude très instructive sur la formation de la République polono-lituanienne née de l'Union de Lublin en 1569[2]. Celle-ci avait été fondée sur une alliance tactique entre les noblesses des communautés polonaise et lituanienne. L'État était bien alors le seul fait d'élites qui se retrouvaient dans un projet politique commun, nullement d'un nationalisme au sens moderne du terme. La République de l'Union de Lublin s'étendit d'ailleurs très empiriquement à l'actuelle Ukraine pour s'associer aux seigneurs de cette nouvelle terre, les fameux Cosaques. « La République atteignit sa plus grande gloire lorsque ses chevaliers polonais et lituaniens et ses Cosaques ukrainiens combattaient côte à côte », écrit Snyder[3]. Elle devait être une fondation historique de référence pour les peuples qu'elle avait réunis, mais ne parviendrait pas à se transformer en État-nation. La région d'Europe sur laquelle elle s'étendait resterait en effet longtemps sans organisation étatique pouvant la défendre, et connaîtrait le martyr que l'on sait pendant la Seconde Guerre mondiale, avec l'occupation des Allemands, puis celle des Russes, qui devait se poursuivre durant la période de la guerre froide.

À la chute du mur de Berlin, l'affirmation ou la création de quatre États, polonais (1989), lituanien (1990), bélarussien et ukrainien (1991), correspondit à l'affirmation de nationalismes cette fois trempés. Les élites du dessein initial des États n'étaient pas nationales, les peuples l'étaient désormais. Ils reproduisaient le moment fondateur de la Révolution française, par laquelle était apparu l'élément agrégatif pur de la nation. Celle-ci était le corps propre qui précède l'État : un *corpus* de la nation, composé d'une histoire et d'une culture, désignait un stade antérieur à la création de l'État. Lors d'une conférence prononcée le 11 mars 1882 à la Sorbonne, tandis que la France venait de perdre ses deux régions chères de l'Alsace et de la Lorraine, Ernest Renan avait, tout en en conservant l'élément historique, donné une dimension intellectuelle et spirituelle à la nation, qui était à la fois « la possession en commun d'un riche legs de souvenirs » et « le consentement actuel, le désir de vivre ensemble, la volonté de continuer à faire valoir l'héritage qu'on a reçu indivis »[4]. Voici pourquoi, écrit Snyder, « l'image originelle du nationalisme du XIXe siècle se trouvait en France, qui était considérée par beaucoup, à l'est du Rhin, à la fois comme le berceau de la philosophie politique et le modèle de l'État-nation[5] ». La formation des unités nationales de l'Allemagne en 1870 et de l'Italie en 1871 avait suivi le modèle français, attestant d'États-nations dorénavant érigés à partir d'une identité forte, plus homogènes et plus populaires enfin. Le temps de la République de Lublin était révolu.

Les États-nations nés de la Seconde Guerre mondiale, puis ceux engendrés de la dislocation de l'Union soviétique et des guerres dans l'ex-Yougoslavie, sont nés de nationalismes de plus en plus durs. Et quand ils ne l'ont pas été suffisamment, ils se sont dissous. C'est que les États-nations se sont alors revendiqués sur des identités défendues. Ils avaient définitivement cessé d'être des associations d'individus empiriques. Ils regroupaient des populations qui croyaient en leur histoire.

Partout dans le monde, les États-nations sont aujourd'hui des nations établies en États. Au-delà de l'Europe, l'Afrique et l'Asie ont consacré et continuent de consacrer l'avènement d'États qui regroupent des populations toujours plus nationales. Dans un temps récent, la revendication d'un État a pu ainsi être le simple fait de communautés détachées d'anciens États (Soudan du Sud), voire d'un embryon d'armée terroriste (Daesh). Si l'on fait une ultime comparaison avec les origines, ces États sont de moins en moins multinationaux. Ils sont plus étroits géographiquement et parfois très peu peuplés. Enfin, ils sont plus nombreux. Le nombre d'États dans le monde est passé de 50 en 1945 à près de 200 de nos jours. La seule Afrique en représente plus d'un quart, avec 55 États.

La mondialisation a été ainsi doublée par une évolution elle-même universelle, que j'ai appelée la *mondialisation de l'État-nation*[6]. Elle a traduit la montée de nationalismes qui désiraient s'approprier leur histoire et voulaient la défendre par l'instrument de l'État-nation. Ces nationalismes ont pris le relais du long combat ininterrompu jusqu'à nos jours des peuples contre la tutelle des empires qui les dominaient. Le double ardent de celui-ci, l'identité, exprimant une volonté propre des nations dans la marche du monde, a provoqué le dépassement final du modèle de la mondialisation. On est passé du cartel seigneurial à la nation de masse, pour suivre encore la leçon de Timothy Snyder.

Cette évolution de plusieurs siècles, portant l'affirmation de nationalismes qui ne pouvaient que concurrencer à terme la grande utopie mondialiste, a été négligée voire ignorée. C'est la grande énigme de l'histoire politique moderne. Cette évolution a été passée sous silence, alors qu'elle a atteint, miné à la base, contrecarré de longue date le mouvement qui voulait mettre un stade d'organisation du monde au-dessus de celui de la vie des nations.

La mondialisation ne sera pas parvenue à la dominer. On peut seulement croire que, si le capitalisme néolibéral avait réussi à installer un modèle social plus égalitaire, il aurait pu atténuer certaines formes irréductibles des nationalismes. C'est certainement son échec social qui a rallumé la flamme nationaliste. Après la mondialisation de l'État-nation, il n'y aurait pas d'autre mondialisation possible.

Un corps étranger à la vie des nations

Des expressions sont promises à un destin fameux. Ce fut le cas de celle de « nouveau monde ». Originellement utilisée pour désigner le continent découvert par les Européens lors de l'une de leurs grandes expéditions de la Renaissance, elle était devenue l'autre nom de la mondialisation. « "Nouveau monde" : l'expression est usée jusqu'à la corde, mais la conjoncture justifie de la ranimer, tant elle lui prête de relief, tant elle lui rend sa jeunesse et sa vigueur », écrit Marcel Gauchet[7].

Le nouveau monde l'était-il vraiment ? La mondialisation a en effet connu une phase précédente qui s'est étendue des années 1880 à la Première Guerre mondiale. Il y eut une *première mondialisation*. Née de l'affaissement des vieilles structures étatiques européennes qui avaient été centrées sur elles-mêmes depuis des siècles, elle a également correspondu au temps d'un cycle. Ce sont les égoïsmes nationaux, relancés par la guerre folle que se sont livrée les nations anglaise et française avec les empires allemand, austro-hongrois, ottoman et russe qui en ont précipité la fin.

Notre mondialisation, qui naît dans les années 1980 et se meurt aujourd'hui, correspond à un même cycle. La durée est identique, trente et quelques années. Les origines, ou la détermination initiale, sont similaires. À un siècle d'intervalle, la similitude est troublante.

Nous ne dirons jamais que les deux mondialisations se sont succédé sans originalité propre. Dans la première, les pays occidentaux avaient concentré la production des biens et services en bénéficiant de flux migratoires importants tandis que, dans la seconde, cette production a été délocalisée puisque ce sont des pays émergents que sont provenus les biens et services. Le monde des années 1880 était aussi plus politique, donnant aux États un rôle central dans le développement du commerce international, comme l'avait montré l'accord de libre-échange signé par la France et le Royaume-Uni le 23 janvier 1860 à l'origine de la première internationalisation des économies. Notre mondialisation est plus économique ou dictée par les décisions des entreprises.

Surtout, la dimension d'univers global qu'a revêtue la mondialisation actuelle la distingue de la précédente. C'est l'existence d'un marché financier global qui a créé les conditions de la crise financière de 2008. Un système bancaire intégré et hors frontières a été pris en défaut, les opérations sans éthique n'ont été que l'élément conjoncturel de la crise. Les phénomènes les plus lourds associés au dérèglement climatique de la planète sont l'accroissement universel des échanges et des transports. On l'a vu, la pandémie de la Covid-19 s'est propagée dans le monde à une vitesse que seuls ont pu permettre les flux du monde global. Symbole parmi les symboles de la mondialisation, le territoire universel dans lequel a été projeté Internet fut à l'origine des premiers abus de celui-ci, dont son utilisation par les filières modernes du terrorisme. Enfin, l'univers global s'est accompagné d'un développement de communautés qui se sont peu à peu substituées aux anciennes classes sociales, portant ainsi atteinte aux structures de la société qui s'étaient maintenues lors de la première mondialisation[8].

Les fins des deux mondialisations également sont différentes. La première s'est terminée, soudainement et brutalement, avec la Première Guerre mondiale, traduction supplémentaire du rôle de premier plan qu'avaient joué les États durant cette période. Notre mondialisation a montré des signes d'essoufflement au moment de la crise financière de 2008, puis elle a été mise à l'arrêt par la pandémie de 2020, doublée de ce fléau ancien dont elle avait annoncé la disparition parce qu'elle promettait un univers de paix, la guerre, encore elle, cette fois démultipliée dans de nombreuses régions, notamment au Moyen-Orient et, bien sûr, en Ukraine, aux conséquences économiques sans comparaison avec les autres conflits de la période.

Les deux mondialisations sont ainsi nées, se sont développées et finissent dans des conditions qui leur sont propres, mais reste l'interrogation commune sur leur durée limitée, le fait que chacune d'elles n'ait pas réussi à être pérenne, le cycle de transition dans lequel l'une et l'autre se sont inscrites et qui les a limitées temporellement. Pourquoi les mondialisations s'interrompent-elles ou ne sont-elles pas des phases durables de l'Histoire ? Comment ne parviennent-elles pas à demeurer dans la vie des nations ? Y seraient-elles un corps étranger ?

L'histoire du monde repose sur une opposition entre l'espace mondial, encore une fois plus impérial sans doute ou devant plus à la détermination d'empires sous la première mondialisation que sous la seconde, et les espaces nationaux. Entre une vision de l'Histoire fondée sur des étapes de convergence devant mener à un modèle unique de développement et l'expression des nationalismes qui ne désarment pas. Cette lutte représente à sa façon le combat entre l'universel et le particulier, mais le premier n'est pas un dépassement inéluctable du second. Les deux alternent, et l'on serait tenté de juger aujourd'hui que l'élément particulier l'emporte sur l'élément universel. Bien sûr, on ne confondra pas universalisme et mondialisation : les valeurs qui appartiennent à tous les temps et à tous les peuples ne sont pas les standards d'organisation que l'on a voulu imposer.

Il n'existe pas, en tout cas, de société mondiale homogène capable de l'emporter durablement sur la vie des nations, comme l'ont cru les défenseurs de la mondialisation. Ces dernières constituent un socle que nulle aventure mondiale ne peut rompre.

Le berceau de la démocratie

Quel espace redonner à la démocratie ? C'est à cette question que devront répondre les hommes dans la période qui s'ouvre. La démocratie est à présent défiée par des régimes forts, aux fondements laïques ou religieux. Mais, dans les régimes libéraux, elle est aussi menacée par les combats que mènent en leur sein les individus, notamment avec les médias réducteurs d'Internet. La mondialisation voulait donner un nouveau visage à la démocratie, mais n'y est pas parvenue. Il y a bien eu au contraire une dissolution de la démocratie dans, avec et par la mondialisation[9].

C'est que les espaces sans frontières ou trop vastes, parmi lesquels se rangent les réseaux sociaux emblématiques de l'expression des individus au cours des dernières années, ne sont pas démocratiques. Ils sont manipulés par les gouvernements et les groupes de pression. Parmi ces derniers, se rangent les entreprises d'Internet[10].

Or la démocratie est inséparable d'un espace circonscrit où les hommes peuvent s'exprimer, comme l'ont enseigné les fondateurs de la cité antique dans la Grèce et à Rome. La recherche de repères communs, le partage des mêmes valeurs, la communion dans des buts partagés par les hommes sont le préalable de la vie démocratique. Voici pourquoi le cadre de la nation lui convient le mieux, et non le plus large monde. La nation doit être découverte ou redécouverte comme une chance de la démocratie.

De ce point de vue, la nation est directement liée, faut-il rappeler, à l'*idée de frontières*. Elle doit être délimitée pour offrir la vie pleine et entière à la population qui s'ouvre à la démocratie. Une nation sans frontières n'est pas une nation libre. C'est ainsi que l'on s'empressa à la fin du cycle de la mondialisation, un peu partout dans le monde, à restaurer, le plus souvent en catimini, des frontières que l'on avait levées à son commencement. L'idée de frontières n'était plus un tabou et, au-delà du but de sécurité, répondait à un besoin de vie politique accessible.

Dans le périmètre ainsi défini, l'*idée de nationalité* s'impose également. La démocratie ne peut être partagée que par les personnes attachées à une même nation, mais la nationalité a été le grand sujet oublié de la mondialisation. Quelle nationalité les États pouvaient-ils en effet avancer à l'heure du libre passage des hommes ? La nationalité avait-elle encore une légitimité quand les individus circulaient librement ? Le dépassement des nations ne commandait-il pas celui des nationalités ? Le *jus soli* ou droit du sol l'emportait sur le *jus sanguinis* ou droit du sang. Tout émigré remplissant les conditions de la nationalité dans le pays où il résidait l'acquérait. La nationalité ne se communiquait plus nécessairement par la filiation.

Le retour à la nation doit rouvrir la réflexion sur le statut de la nationalité, les moyens de l'acquérir et, particulièrement, la part que doit reprendre le *jus sanguinis* sur le *jus soli*. La cohésion de la vie politique des nations, l'équilibre des échanges en son sein, l'engagement de celles et ceux qui participent à la vie politique demanderont le « riche legs de souvenirs » dont parlait Renan.

La nation est le berceau de la démocratie. C'est en elle que l'on doit retrouver le vrai débat politique qui, à chaque élection, permet de distinguer une majorité d'une opposition. Seule la vie démocratique retrouvée au sein de la nation dépassera l'alternative réductrice entre mondialisme et altermondialisme, les deux partis qui l'emportent aujourd'hui dans les opinions publiques et tendent à se substituer aux filiations historiques de la droite et de la gauche. Le monde unique fracture de l'intérieur les sociétés en deux groupes dont les votes sont aux antipodes. Le nouveau choix politique est entre le système et l'antisystème.

Qu'est-ce que le système ? La mondialisation a généré un milieu de dirigeants qui vantent le modèle reposant sur la loi du marché et les révolutions financière et numérique. Ce milieu, où les mêmes se partagent les responsabilités, tant politiques qu'économiques, dans des carrières qui leur sont réservées par la loi implicite d'une cooptation sociologique, rassemble des individus qui ont des formations communes, vivent entre eux et partagent les mêmes goûts.

Cette homogénéité supérieure de direction des nations désigne le système.

Qu'est-ce que l'antisystème ? Les peuples qui souffrent dans ce monde ou en sont rejetés, ne croient plus au système qui a généré cette situation, deviennent ou redeviennent autonomes dans leurs choix. Le terme d'antisystème était apparu quand des hommes avaient voulu dénoncer le système financier de Law qui avait mené la France à la banqueroute au début du XVIIIe siècle. Les laissés-pour-compte de toute aventure politique ont toujours cherché à se regrouper dans une opposition frontale au pouvoir. L'apparition de dissidents combattant leurs responsables qui faillissent à leurs devoirs est une loi de l'Histoire. Cette loi désigne l'antisystème.

La querelle entre système et antisystème a déjà entraîné nombre de décisions des peuples. On l'a vu au Royaume-Uni avec le vote populaire qui s'est prononcé contre le maintien du pays dans l'Union européenne défendu par les gens de la City, comme aux États-Unis où l'antisystème incarné par un Donald Trump a triomphé du système qui avait désigné Hillary Clinton. Le constatera-t-on bientôt dans toutes les nations, alors qu'à l'Est des hommes durs, tels que Vladimir Poutine, Xi Jinping ou encore Recep Tayyip Erdoğan, s'imposent pour défier de l'extérieur le système érigé par les élites américaines et européennes ?

À la fin de la mondialisation, l'alternative entre système et antisystème doit elle-même prendre fin. Il ne s'agit plus pour les nations de se prononcer, dans une sorte de référendum répété, pour ou contre la mondialisation. Il leur faut revenir à un projet politique national.

Se prononçant en 1789 sur le droit de veto à l'application des lois dont devait bénéficier Louis XVI, les députés de l'Assemblée constituante s'étaient spontanément répartis en deux groupes : ses partisans s'étaient rangés à la droite du président, les opposants à sa gauche. Il y avait eu auparavant l'opposition des représentants de la noblesse et du clergé à ceux du tiers état à la réunion des États généraux le 5 mai 1789, puis le serment du Jeu de Paume que prêtèrent les seuls députés du tiers état, le 20 juin, formant ainsi le nouveau corps de la nation. À partir de la déclaration de l'Assemblée nationale en constituante, le 9 juillet, l'antagonisme entre une bourgeoisie éclairée qui ne voulait pas rompre avec la monarchie et les adversaires résolus de celle-ci allait révéler et former les discours, les mots, la pensée de la droite et de la gauche.

Les deux camps s'étaient réfléchis dans les limites d'une nation. C'étaient les enjeux du gouvernement de la nation qui leur avaient fait prendre leurs marques. Au sein des deux camps, des tempéraments engendrant de grandes filiations historiques sont apparus ultérieurement. En France, une droite orléaniste et libérale s'est distinguée de la droite bonapartiste, la gauche socialiste a vu apparaître à ses côtés la gauche communiste. Les droites et gauches se modelant appartenaient toujours au champ politique national. Elles continuaient de définir, voire de retenir, le dualisme classique pour la préparation des choix de leur pays.

La fin du cycle de la mondialisation doit permettre de retrouver la vraie alternative des débats, le choix binaire essentiel, la droite et la gauche des nations. Réduire le choix politique d'un pays à accepter ou refuser la mondialisation équivaut à étouffer sa vie politique. Le populisme n'est-il pas d'ailleurs l'allié objectif de la mondialisation ?

Une première rupture se dessine ainsi. Les nations se reconstituent, et la démocratie trouve en elles l'espace qui lui permet de renaître. Par le vote direct des citoyens d'une nation, la démocratie réelle l'emportera toujours sur la fabrique des opinions engendrée par la toile ou des réseaux d'influence. Un homme égale une voix. Nulle action politique n'échappera plus à la souveraineté des peuples.

C'est le *retour à la nation* qui permet le *retour de la démocratie*. Les individus cherchent à se réapproprier leur propre histoire dans le cadre d'un débat à taille humaine, comme si la valeur du lieu venait enfin doubler celle du temps à la fin du cycle de la mondialisation.

2

La légitimité reconquise de l'État régalien

Une seconde évolution historique, de plus court terme que celle qui vient d'être analysée, mais qui a été négligée comme elle, a atteint à son tour la mondialisation. Elle a l'âge du cycle durant lequel celle-ci s'est affirmée, et désigne le propre durcissement des États après celui de l'idée de nation[1].

La fin de la mondialisation découvre des États différents de ce qu'ils étaient à son commencement dans les années 1980. Ceux-ci avaient pris place dans une société internationale qui les effaçait au profit des États-Unis après l'effondrement idéologique et l'éclatement territorial de l'Union soviétique. Les nations ne contestaient pas, au demeurant, la position de ces derniers qui l'avaient emporté par leurs propres mérites. Leur exemple était en outre stimulant, avec la force d'attraction que représentait le modèle de la démocratie libérale. Le principe d'une gouvernance mondiale affranchie du rôle des États prolongeait la puissance américaine, qui dictait ainsi l'ordre international sans qu'aucun État ne puisse en discuter la légitimité.

Les États-Unis sont-ils allés trop loin ? La gouvernance mondiale qu'ils avaient mise en place n'était-elle pas un leurre ? Ils manquèrent certainement de prudence dans leur rôle. Il est vrai que la situation de leadership sans partage dans laquelle ils se trouvaient n'avait guère eu de précédent dans l'histoire du monde qui aurait pu les prévenir. Leur réaction disproportionnée aux attentats du 11 septembre 2001, avec le déclenchement de la seconde guerre contre l'Irak, a rebattu les cartes de l'ordre précaire qui régnait après la chute du mur de Berlin. Au cours des vingt années qui ont suivi, les États tout autour d'eux ont changé. À commencer par ceux de l'Est.

Un ordre du monde en rupture avec la mondialisation est progressivement apparu. Les nations redécouvrent leur État et se tournent vers lui pour qu'il incarne leur identité et défende leurs intérêts.

Le pouvoir qui venait de l'Est

L'image a fait le tour du monde. Ils marchaient dans les jardins d'un palais d'été, au mois de juin 2009, à Ekaterinbourg en Russie. Dimitri Medvedev, jeune président de la jeune Fédération de Russie, et Hu Jintao, secrétaire général du Parti communiste chinois, étaient entourés des présidents kazakh, kirghiz, tadjik et ouzbek. Ils venaient de féliciter Mahmoud Ahmadinejad pour sa réélection à la tête de l'Iran, indifférents aux accusations de la communauté internationale qui dénonçait l'irrégularité du scrutin. Leur association, née sept ans après la chute du mur de Berlin, avait pris en 2001 le nom d'Organisation de coopération de Shanghai (OCS) lors d'une réunion dans la ville chinoise.

Durant ses deux premiers mandats de président de la Fédération de Russie, de 2000 à 2008, Vladimir Poutine avait voulu jouer la carte de l'Occident. Il avait proposé à l'Union européenne la création d'un marché commun, et aux États-Unis l'entrée de son pays dans l'OTAN. Il avait poursuivi la demande d'adhésion à l'OCDE déposée par son prédécesseur en 1996. Les attentats du 11 septembre 2001 l'avaient encore vu afficher son soutien au président George W. Bush. Poutine devait être très vite déçu de ses échanges avec l'Occident. S'exprimant à la conférence de Munich sur la sécurité des 9-11 février 2007, il allait dénoncer l'unilatéralisme américain. La crise financière de 2008 allait de surcroît mettre un terme aux années de croissance qu'avait connues son pays. Le partenariat stratégique lancé, le 7 mai 2009, entre l'Union européenne et six États voisins de la Russie, dont l'Ukraine, en réaction au conflit géorgien de 2008, allait mettre à bas définitivement le rêve occidental et raviver l'ancrage oriental de Vladimir Poutine.

De leur côté, les associés de Shanghai continuaient de se réunir chaque année, à Tachkent en 2010, Astana en 2011 et Pékin en 2012. Le 7 juin 2012, Poutine, qui entamait son troisième mandat présidentiel, renonçait même à se rendre à la réunion du G 8 (G 7 + la Russie) à Camp David pour se rendre à celle de l'OCS qui se tenait donc à Pékin.

La Russie s'est alors rapprochée de la Chine, qui s'était entre-temps mise à apprendre les règles du capitalisme libéral après la conversion lancée par le très pragmatique Deng Xiaoping en 1979. Ses performances ont été très vite connues, reposant sur une faculté d'adaptation proprement exceptionnelle. La Chine est devenue un acteur des grands échanges de la mondialisation, en même temps qu'elle est restée attachée à son rôle régional. La fin du cycle de la mondialisation la découvre impérialiste dans sa propre zone d'équilibre, comme en témoigne son souci de contrôle de la mer de Chine par l'occupation d'îles anciennement placées sous l'orbite japonaise, et le dialogue maintenu avec la Corée du Nord, le voisin mis au ban de la communauté internationale. Elle s'autorise une politique répressive contre les populations de certaines parties de son territoire, Hong Kong et le Tibet, à la face de la même communauté internationale. Elle dirige l'Asie, et ses investissements internationaux écoulant ses réserves de change lui permettent de pénétrer dans des pays très éloignés de sa région. Ce sont les « nouvelles routes de la soie » par lesquelles la Chine exporte ses capitaux et importe ses matières premières.

Avec la Chine et la Russie, la reconstitution de trois autres États est non moins édifiante. L'Iran n'a jamais été tourné vers l'Occident depuis l'arrivée des Mollahs au pouvoir, et s'est refermé sur lui-même avec son fondamentalisme religieux. La Turquie pour sa part avait adhéré à l'OTAN en pleine période de guerre froide, les États-Unis la considérant comme un allié stratégique dans la vaste région du

Moyen-Orient ; elle avait aussi déposé sa candidature à l'adhésion à l'Union européenne en 1987, signé un accord d'union douanière avec l'Europe en 1995 et ouvert les négociations pour son adhésion en 2005. Mais la séquence est achevée et, au terme du cycle de la mondialisation, le pays a rejoint l'Iran dans sa fronde contre l'Occident, ou du moins ne craint plus d'affirmer son indépendance, et les deux États occupent et renforcent leur position de nouvelles puissances qui tentent de supplanter l'Occident au Moyen-Orient en s'opposant aux alliés que celui-ci s'est trouvés avec les pays du Golfe. Enfin, l'Inde se dresse avec les atouts d'une grande puissance économique, qui vont lui permettre de s'affirmer peu à peu au niveau international. L'Inde domine sans difficulté l'ancienne partie de l'Empire britannique qui lui fut arrachée en 1947, le Pakistan, par ses ressources et son dynamisme.

Ces États établis sur de vastes régions veulent contrôler les pays autour d'eux qu'ils considèrent comme des zones tampons de leur territoire. Ils durcissent le pouvoir qui dirige l'ensemble qui leur est rattaché, et développent des relations bilatérales avec leurs voisins immédiats ou les États dont ils sont proches. Le multilatéralisme ne cède pas sur un terrain que d'aucuns voudraient ou pourraient reconquérir après la tempête. Il se rompt avec ces États, qui sortent du cycle de la mondialisation avec la ferme intention de quitter le rôle secondaire qui leur a été assigné jusque-là. Ils sont aussi multinationaux, à la différence de beaucoup d'États liés à une seule nationalité. Ils créent à l'intérieur de leurs frontières une vie des communautés qui les séparent du monde extérieur. Ils ont et sont leur propre monde. Voici comment, enfin, l'univers qui se voulait global avec sa gouvernance est le plus directement atteint par des régions s'organisant comme des univers à part, que j'ai appelés les *régions-empires*[2].

C'est peu de dire que l'Occident ne les a pas vus venir ou n'a pas pris conscience que ces grands ensembles géopolitiques qui lui faisaient face, avec leur nationalisme ancré dans des récits historiques forts, se forgeaient en empires modernes. Ces empires qui reprenaient forme se sont détournés de ses valeurs, hormis celles du capitalisme libéral, qui ne sera toutefois jamais inséparable chez eux d'un rôle actif et partial de l'État. Ils ont installé un stade intermédiaire entre le monde et les nations dans de vastes territoires, héritiers d'histoires régionales qui ont résisté au chaos des frontières d'antan, peuplés de populations nombreuses qui ont acquis avec le temps le sentiment de l'appartenance à un destin reposant sur la structure d'États forts.

Était-ce l'ancien monde qui résistait au nouveau ? C'était plutôt l'Orient qui reconstituait les marches de ses anciens empires face au désir d'expansion du monde global. Ce stade intermédiaire s'est aussi substitué à la précédente organisation géopolitique du monde, qui, après avoir reposé sur la confrontation Est-Ouest, avait imaginé le dialogue Nord-Sud[3].

« J'ai toujours insisté sur les traits originaux du système interétatique à la fin du XXe siècle, système planétaire, belliqueux même dans les périodes apparemment pacifiques. Le système interétatique ne se confond pas avec la société internationale », écrivait Raymond Aron à l'aube de notre siècle[4]. Une société internationale idéalement conçue avait voulu détrôner le système interétatique sous la mondialisation, que celui-ci en renaissant bouscule à son tour.

Réapprendre l'État

Que faire pour l'Occident ? Ou l'Europe seulement, puisque les États-Unis, après la mondialisation débonnaire, assument un nationalisme volontaire ? La mondialisation sur ces terres n'a cessé d'effacer le politique ou tout ce qui était l'expression du pouvoir, en le subordonnant à l'économie.

Le lien entre le pouvoir et l'économie fut analysé par une école d'économistes outre-Atlantique et en Europe, représentée par deux prix Nobel d'économie, Douglass North en 1993 et Jean Tirole en 2014. Cette école a cherché à démontrer le rôle des institutions politiques dans le développement des nations. Les réformes structurelles réalisées dans les pays qui quittaient le socialisme et voulaient rejoindre les canons du commerce mondial avaient mis à l'honneur le préalable institutionnel au développement économique. La Chine n'en était-elle pas l'exemple ? Les institutions politiques d'un pays pouvaient ainsi favorablement définir le cadre dans lequel allait évoluer le marché.

Au-delà, cette école a voulu limiter le rôle de l'État à une simple fonction de régulation du marché. La réflexion de North était de l'inscrire dans un « ordre d'accès ouvert » de la société, le mot même d'État n'apparaissant que sous la forme d'un « État naturel » à l'origine de cet ordre[5]. À une forme d'État en quelque sorte primitive, devenant plus structurée puis mûre au cours de son évolution, devait se substituer à terme une société ouverte aux initiatives des individus qui n'avaient plus besoin de l'État. Celui-ci avait joué son rôle, puis s'effaçait quand la société et le marché avaient trouvé leur organisation, pour ne subsister que dans sa fonction de régulation. Pour Jean Tirole, l'État « se transforme en régulateur[6] ». L'Europe a suivi la leçon. Le pouvoir politique se limita au cours des trente dernières années à encadrer l'économie par la régulation du jeu de ses acteurs. Il devint un simple prolongement de la logique du marché, lequel en avait besoin tel qu'il l'entendait, et le soumit donc.

Cette école a d'abord nié l'utilité de l'État dans l'économie même. Des impératifs de souveraineté légitiment en effet l'intervention de la puissance publique au-delà de l'office de la régulation. L'État régulateur n'est pas tout l'État dans la vie économique des nations, car il dispose de trois leviers politiques, la monnaie, le budget et la fiscalité. L'État a le privilège de battre monnaie, arrête le budget de la nation et établit les impôts qui pèsent sur les membres de la collectivité nationale. Ces attributs de souveraineté s'exercent dans l'économie, indépendamment de la régulation.

Mais, surtout, cette école n'a pas voulu voir la dimension régalienne antécédente de l'État. Il fallait bien sûr une analyse fondée sur d'autres catégories que celles de l'économie ou de la théorie du marché pour atteindre à la connaissance de l'État régalien, celles du droit constitutionnel et du droit administratif, ou du droit public plus généralement. Cette analyse a été perdue de vue.

La fondation de l'État repose sur deux notions du droit public héritées du droit romain : l'*auctoritas* et la *res publica*. La première désigne le pouvoir de commandement ; il ne peut pas y avoir d'État sans commandement politique, qui se traduit notamment par la volonté de conduire une action et la compétence exclusive de l'édiction des normes législatives et réglementaires. Mais la volonté qui anime l'État a une fin ou une limite dans ce que rappelle la seconde notion, l'élaboration du bien commun ; il faut gouverner pour bâtir le bien commun.

L'État n'est pas ainsi dur ou puissant pour lui-même, mais constitue l'autorité qui produit l'ordre politique. Il n'est pas non plus diffus et tentaculaire, mais est concentré sur la recherche du bien commun. C'est la demande d'intervention publique par-delà ses fonctions régaliennes qui a créé l'État inutile avec la bureaucratie moderne. Il faut seulement une armée, une diplomatie, une police, une justice dans la nation.

Les fonctions de l'État régalien sont à l'origine du contrat social, car les institutions politiques précèdent et entraînent les institutions de la société. L'État réalise l'agrégation de la communauté humaine. C'est à ce stade qu'on retrouve l'essence même du politique. L'État délivre des règles et donne des repères. On ne pense souvent qu'à ces premières. D'où l'inflation des lois à laquelle se limite trop souvent l'action des gouvernements modernes. Les hommes recherchent cependant et ont besoin de signes, de lieux, d'objets qui les situent. C'est grâce à eux que les sociétés se forment. De là suit une conséquence essentielle. Les institutions politiques ont leur part dans l'identité des nations. Elles ne sont pas indifférenciées, épousant un modèle imposé de l'extérieur, comme l'ont imaginé les organisations multilatérales dans le cours de la mondialisation, mais doivent révéler et accompagner, souligner le caractère des nations. Chaque nation a une identité constitutionnelle autant qu'historique.

Par l'État régalien, les nations retrouvent le principe de l'action politique. La mondialisation était une masse de standards. Elle s'imposait aux nations par un corps de règles en vérité peu malléables et sur lesquelles les nations n'avaient pas prise. C'est d'ailleurs pourquoi ses défenseurs avaient dit, quand les peuples furent confrontés à ses premières crises, qu'elle pouvait ralentir, mais ne cesserait jamais. Si elles désirent retrouver leurs marques après son temps, les nations doivent agir par les attributs de l'État régalien. Seul celui-ci leur permettra de reprendre le dessus sur le cycle de la mondialisation. C'est le politique, l'instance et la vérité du politique, qu'elles rechercheront, et qui est d'ailleurs demandé à présent dans toutes les structures de pouvoir. Les mondialistes aspirent eux-mêmes à un rôle politique des organisations multilatérales[7].

L'action de l'État pose la question de la raison d'État. Les actes ordinaires de la puissance publique s'inscrivent dans un ordre juridique qui les contrôle. Toutefois, des actes exceptionnels s'imposent dans des circonstances elles-mêmes exceptionnelles. Ces actes peuvent être dérogatoires au droit commun, parce qu'ils échappent par nature au cadre de la légalité. Il faut le comprendre. L'État doit les accomplir, ou bien il n'est pas l'État. Il y va de sa survie et, au-delà, de celle de la collectivité nationale. L'État doit dominer les intérêts privés et étrangers par l'intérêt supérieur qu'il poursuit. La raison d'État est ainsi intimement liée à la souveraineté politique.

L'action de l'État pose aussi la question de son organisation territoriale. L'État moderne est privé de l'harmonie de l'État classique. L'empilement des organes au fil du temps a éloigné le pouvoir de cette harmonie. Dans chaque secteur de la nation où la puissance publique exerce des compétences, il est difficile au citoyen moderne de s'y retrouver tant les instances de gestion et de contrôle se confondent. Au temps de la mondialisation, les collectivités territoriales voulaient être autonomes. Mondialisation et décentralisation se sont ainsi conjuguées pour vider l'État central de sa substance, l'une par le haut, l'autre par le bas. La revendication d'autonomie des collectivités locales se justifiait pour défendre les libertés locales, mais a désigné une fragmentation dangereuse du pouvoir en privant celui-ci de sa capacité d'action unitaire. L'éclatement de leur pouvoir fragilise les nations[8].

Il faut réapprendre l'État et, pour cela, retrouver un enseignement de l'État. Les facultés de droit et les écoles de sciences politiques occidentales, au travers des cours de droit constitutionnel, décrivent les trois pouvoirs, exécutif, législatif et judiciaire, et les opérations juridiques qui s'y rattachent : le vote de la loi, l'édiction des décisions réglementaires qui exécutent la loi, l'office du juge qui applique et interprète la loi. L'ensemble des pouvoirs qu'exerce l'État est rapporté à leurs manifestations de droit. En vérité, et de la sorte, l'État n'est pas appris. L'essence, le fondement de la puissance publique, l'attribut du monopole de l'autorité sont ignorés. Surtout, ils ne sont plus enseignés dans les écoles de fonctionnaires occidentales, soumises à des impératifs de gestion inspirés de l'entreprise privée. Les nations doivent réapprendre et connaître l'État qu'elles appellent pour les défendre. Il faut une armée, une diplomatie, une police, une justice dans la nation, avons-nous dit. Ce sont les fonctions régaliennes, attachées souverainement à l'État, lui permettant d'exercer son autorité sur la population et d'assurer son rôle dans les relations internationales, qui doivent être réapprises.

Le devoir de défense

La première, et la plus décisive dans le désordre du monde, est l'armée. Elle incarne le premier devoir de l'État, celui de la défense de la nation. L'armée sort affaiblie du cycle de la mondialisation.

La crise des armées remonte à la fin de la guerre froide et, encore une fois, s'est d'abord manifestée en Europe. La période au cours de laquelle s'était établi le face-à-face entre les

États-Unis et l'Union soviétique, qui n'avait jamais débouché sur une guerre directe, mais avait seulement provoqué une multitude de conflits par procuration entre leurs alliés les plus lointains, avait correspondu à un effort militaire de grande ampleur. La doctrine de l'immédiat après-guerre était l'équilibre par les armes. L'antagonisme entre les deux grands États avait donc suscité une course aux armements sans précédent.

Cette course comprenait l'arsenal de la dissuasion nucléaire. La détention de l'arme atomique par les États-Unis depuis la moitié des années 1940, suivis par le Royaume-Uni (1952) puis la France (1960), avait tenu en respect l'Union soviétique, qui en avait cependant disposé à partir de 1949. La dissuasion nucléaire avait contribué à la paix autant, si ce n'est plus, que le déploiement des effectifs militaires au sol. On notera que les dépenses liées aux armes nucléaires avaient aussi très vite dépassé celles en faveur des armées traditionnelles, dont le sous-équipement progressif date de cette période.

La fin de la guerre froide a annulé l'effort de guerre des nations européennes. « La disparition d'une menace militaire substantielle en Europe même a fondamentalement transformé la nature géopolitique de l'ordre européen », note Henry Kissinger, pour qui « dans l'atmosphère de triomphe qui a suivi, les problèmes traditionnels d'équilibre ont été relégués au rang de "vieille" diplomatie qu'il convenait de remplacer par la diffusion d'idéaux communs »[9]. L'Europe est devenue un espace politique démilitarisé et, partant, dangereusement exposé à l'ennemi quel qu'il soit, terroriste ou provenant d'un État organisé.

En France, le budget de la défense a chuté de 25 % au cours des trente dernières années. Le gel des crédits militaires a entraîné la suspension de la construction du porte-avions nucléaire *Charles-de-Gaulle*, tandis que le gouvernement renonçait à un second porte-avions nucléaire. Le nombre de militaires est passé de 330 000 à 270 000 ces dix dernières années. À quoi s'ajoute la mauvaise utilisation de l'armée, qu'a illustrée récemment la mobilisation des militaires dans le cadre de l'opération « Sentinelle », placés en faction devant les bâtiments officiels, les lieux de culte et les écoles, alors que l'armée doit conserver à tout moment sa capacité d'intervention, qu'il ne faut pas brider par des missions de surveillance.

Dans les pays de l'ex-Empire soviétique, c'est la pacification des esprits qui a atteint le rôle et le statut de l'armée. Formés plus durement que leurs frères occidentaux à la guerre, les communistes se sont défaits de l'obsession de celle-ci, qui avait été l'aliment principal du régime stalinien, à la chute du mur de Berlin. Ils ont très vite appris à vivre sans elle. « Désormais, l'expérience de la guerre ne servait plus à rien, il fallait l'oublier », écrit Svetlana Alexievitch dans son récit des années de la perestroïka[10]. C'est la vieille Europe dans son ensemble, sa moitié occidentale et sa moitié orientale, qui refusait la culture de la guerre.

L'abandon du service national est certainement la mesure la plus symbolique, qui allait amplifier la démobilisation des nations européennes. Décrétée au seuil des grandes guerres nationales du XIXe siècle, pour préparer en France la guerre contre les monarchies continentales qui s'armaient, la conscription avait représenté la mobilisation par excellence de la nation pour sa défense. « Le service de la patrie est un devoir civique et général », proclamait la loi du 4 mars 1791. « Dès ce moment jusqu'à celui où les ennemis auront été chassés du territoire de la République, tous les Français sont en réquisition permanente », énonçait l'article 1er du décret du 23 août 1793. Ces textes ont préparé le service militaire universel, institué par la loi du 21 mars 1905 à l'approche de la Première Guerre mondiale. Sa suppression, ou sa suspension selon les termes de la loi du 28 octobre 1997 portant réforme du service national, a tourné une page de deux siècles de service militaire personnel des citoyens[11]. Une semblable évolution a pu être observée dans d'autres pays, où la conscription universelle a été peu à peu remplacée par l'armée de métier. L'idée d'une inutilité de la défense s'est emparée de nations nanties.

Le temps qui succède au cycle de la mondialisation correspond à une reprise de l'armement des nations. Les dépenses militaires ne sont plus soutenues seulement dans les pays du Proche et Moyen-Orient, qui absorbent le tiers des achats d'armes dans le monde, ou en Asie, avec l'Inde et la Chine, qui comptent parmi les cinq plus gros importateurs d'armement. L'Europe aussi s'est révélée un nouvel importateur d'armes et représente aujourd'hui 40 % des commandes mondiales. En Occident, comme dans le monde entier, le sentiment n'est plus que la guerre est pour les autres. Les dépenses militaires mondiales ont ainsi augmenté en 2020, malgré la crise liée à l'épidémie, pour atteindre 2 000 milliards de dollars[12].

Les nations occidentales augmentent leur production et leurs ventes d'armes. Les États-Unis représentent plus du tiers des exportations d'armes dans le monde. La France est le deuxième occidental. Sur ses cinq principaux clients, trois sont européens : la Belgique, la Hongrie et l'Espagne.

La montée en puissance du commerce des armes ne palliera cependant pas l'absence de préparation des nations à la guerre. De surcroît, vendre ou acheter des armes sans une telle préparation est un manque de lucidité politique.

C'est pourquoi l'effort de défense des nations sera retrouvé et poursuivi dans la période historique qui s'ouvre. Il consistera à redonner toute sa dimension à l'armement conventionnel sur cinq sujets fondamentaux : le renseignement, l'entraînement des hommes, le renouvellement du matériel, la préparation des opérations extérieures et, enfin, la poursuite de la recherche pour connaître et détecter à tout moment l'évolution de la stratégie de l'ennemi. Ces cinq sujets constituent le socle d'une armée reconfigurée ou de toute armée authentique. Les militaires confessent eux-mêmes que, si l'un seul d'entre eux vient à disparaître, c'est l'ensemble qui se trouve fragilisé.

Comment peut-on en effet lancer une opération extérieure sans que les troupes aient reçu un entraînement ? Pour le cas de la France, le général Vincent Desportes relève que « les armées n'ont jamais été aussi engagées, alors que leur niveau d'entraînement n'a jamais été aussi faible », et rappelle que « la première protection des combattants est la qualité de leur préparation opérationnelle »[13]. Qui pourrait décider d'une guerre sans matériel suffisant ? Selon cet officier, qui le déplore, « dès qu'une opération est décidée, les planificateurs ont pour consigne de restreindre les moyens, non en fonction des exigences opérationnelles mais selon une stricte logique budgétaire »[14]. Où serait l'efficacité de l'armée sans anticipation de la stratégie de l'ennemi ? Le général Desportes nomme ce dernier risque comme étant la « menace permanente de la surprise stratégique », et juge même audacieusement que « l'expression libre des militaires sur les problèmes stratégiques n'est pas seulement légitime, elle est nécessaire : les restrictions à la liberté d'expression sont les meilleures ennemies de la défense de la France »[15]. L'institution militaire doit prendre la parole pour la défense de la défense, et orienter de l'intérieur la préparation des armées aux conflits de demain. En conclusion, l'effort militaire dépend d'une vision d'ensemble des moyens et de la politique cohérente qui les associe.

Il reste deux questions. Quelle place conserver à la dissuasion nucléaire à côté de l'armement conventionnel ? Comment renouer le lien des nations occidentales avec leurs propres armées ?

Cinq États sont dotés d'armes nucléaires au sens du traité sur la non-prolifération des armes nucléaires du 1er juillet 1968, entré en vigueur deux ans plus tard : les quatre États qui furent les protagonistes de la guerre froide et la Chine. Ces États se sont engagés à maîtriser puis réduire leur programme nucléaire militaire. L'Iran du shah avait signé le traité en 1970, puis, après les années sombres de la République islamique qui l'avait vu renoncer à toute limitation de son armement nucléaire, s'est engagé à diminuer sa production d'uranium enrichi et à cesser la construction de tout site nucléaire nouveau, sans faire taire les critiques des Occidentaux qui n'y croyaient pas. Trois États qui n'ont pas signé le traité ont effectué des essais nucléaires : l'Inde, Israël et le Pakistan. La Corée du Nord s'est retirée des engagements du traité en 2003. Pour les États concernés, la poursuite de l'entretien de l'arsenal nucléaire et le maintien de l'armement conventionnel sont difficiles à mener de front. Nul ne pourra cependant se passer du bouclier nucléaire, puisque la dissuasion reste le premier rempart des nations ; aucun ne pourra faire l'impasse sur les armées traditionnelles, qui permettent la défense immédiate de la nation. Il faut alors imaginer que seul un contrôle général de l'armement nucléaire entre les nations concernées pourra entraîner le déplacement salutaire de l'effort de défense vers l'armement traditionnel.

Comment renouer le lien entre le citoyen des nations occidentales et le soldat ? L'Histoire enseigne que, dans les grandes crises, l'armée a toujours été aimée par ceux qu'elle défendait. La conscription avait naturellement alimenté ce sentiment en renforçant l'alliance entre les peuples et leurs armées, puisque celles-ci accueillaient leurs enfants. La rupture est intervenue avec la défiance populaire vis-à-vis des états-majors qui, commettant les erreurs stratégiques que l'on sait, ont été à l'origine de nombreuses guerres perdues. C'était un nouveau divorce des peuples avec les élites dirigeantes, qui survenait après celui avec les responsables politiques. L'antimilitarisme a été alimenté par la trahison des chefs avant de se transformer en refus de principe de la guerre. En France, l'amertume née de la défaite de 1940 et plus encore de la guerre d'Algérie a contribué à former le pacifisme des années 1970. Il faut cependant croire que les périls qui menacent les nations les ressouderont et redonneront son sens à un retour au service militaire personnel des citoyens.

Les peuples jugeront leur armée à son utilité, et l'aimeront ainsi. Il est vrai que, si les nations n'ont plus affaire qu'à des groupes armés, disséminés dans les populations civiles et désincarnés en termes d'institution militaire, à l'instar du terrorisme moderne, elles peineront à juger légitime le devoir de défense. Au cours des cinquante dernières années, la France n'a perdu d'hommes que dans des confrontations avec des groupes armés dans le cadre d'opérations extérieures[16]. Comment un pays qui depuis un demi-siècle n'a plus été engagé dans une guerre classique confrontant un État à un État peut-il accepter un effort en faveur de son armée ? La guerre déclarée par la Russie à l'Ukraine ne manquera pas de changer la perception que les Européens ont de l'effort de guerre.

Il revient aux gouvernants d'expliquer aux peuples qu'une nation ne peut pas se passer d'une armée organisée et prête à intervenir dans la nécessité. Les exemples historiques abondent. Une nation désarmée est une nation en péril.

L'insistance mise sur le devoir de défense ne doit pas pour autant faire oublier l'autre fonction régalienne extérieure, la diplomatie, qui aura une place centrale dans les nouveaux temps reposant sur la relation entre les nations.

Celle-ci a été inspirée de longue date par deux principes : la *connaissance patiente de l'autre*, à laquelle se joint le *compromis insistant entre les volontés*. Ces principes doivent à nouveau conduire l'action internationale des États. On se parle mieux dans une relation bilatérale qui met en jeu deux nations que dans les instances multilatérales qui en réunissent le plus grand nombre. Chacune apprend à connaître l'autre ; nulle ne joue plus de rôle extérieur ; la solution à un problème se trouve plus directement. De retour, la diplomatie ne devra plus procéder selon les diktats de nations se jugeant supérieures aux autres. Alors que nous entrons dans une ère de concurrence des puissances, la diplomatie doit être l'école retrouvée de la discussion, de l'entente et du respect de l'autre. Elle est inscrite avec l'armée dans une même chaîne de l'ordre public international – comme la justice et la police le sont dans la chaîne de l'ordre public interne[17].

La justice est une fonction de l'État, non un pouvoir dirigé contre lui

C'est le malentendu profond. La justice serait un pouvoir dirigé contre l'État. Perçue comme un contre-pouvoir, elle constituerait une fonction de l'État qui se retournerait contre lui. Elle compte cependant parmi les fonctions régaliennes de *et pour* l'État.

L'origine de la perception d'une justice opposée à l'action de l'État remonte aux révoltes parlementaires de l'Ancien Régime, auxquelles avait répondu l'affirmation du principe de la séparation des pouvoirs. Ce principe devait affranchir la justice de la tutelle des deux autres pouvoirs, exécutif et législatif. L'article 16 de la Déclaration des droits de l'homme et du citoyen affirme ainsi : « Toute société dans laquelle la garantie des droits n'est pas assurée, ni la séparation des pouvoirs déterminée, n'a point de constitution. » Montesquieu avait relevé préalablement : « Tout serait perdu si le même homme, ou le même corps des principaux, ou des nobles, ou du peuple, exerçaient ces trois pouvoirs : celui de faire des lois, celui d'exécuter les résolutions publiques et celui de juger les crimes ou les différends des particuliers[18]. »

La justice a peiné à affirmer son rôle. Elle fut longtemps présentée comme l'opération d'application du régime juridique de l'État établi par les lois. C'est parce qu'est entrée dans son office une part d'interprétation des lois qu'elle s'est vu reconnaître une vraie fonction active de l'État. Raymond Carré de Malberg l'avait ainsi résumé : « La fonction juridictionnelle, tout en étant assurément subordonnée aux lois, comporte pour le juge une certaine sphère de liberté, à l'intérieur de laquelle il appartient à celui-ci de dire, d'une façon initiale et autonome, du droit reposant sur sa propre puissance[19]. » Signe d'une défiance à son égard, les constituants de la Ve République ont préféré l'expression d'autorité judiciaire à celle de pouvoir judiciaire.

Sa puissance a parlé à travers son indépendance, qui repose désormais sur les garanties constitutionnelles accordées aux magistrats du siège, ceux auxquels revient justement le pouvoir de juger. Cette indépendance fut illustrée dans la vie des nations, de culture anglo-saxonne ou de culture latine, dans les pays développés comme dans les pays émergents, par des décisions fortes prises à l'encontre des responsables politiques : destitution de chefs de gouvernement et poursuite judiciaire d'élus, annulation de lois votées par les parlements. La justice s'est imposée par un pouvoir de sanctionner que d'aucuns ont interprété comme une faculté d'empêcher.

Beaucoup de chefs d'État et de gouvernement n'ont pas considéré comme une priorité le renforcement des moyens de la justice. En France, on relèvera l'indifférence exprimée de longue date par les responsables politiques sur les moyens humains, matériels et financiers qui lui sont alloués, que traduit une comparaison de l'évolution des effectifs de l'Éducation nationale avec celui du personnel de la justice en deux siècles : en 1789, il y avait 8 000 enseignants et 8 000 magistrats ; aujourd'hui, on compte 800 000 enseignants et toujours 8 000 magistrats. Autre exemple, la fermeture des tribunaux pour cause de restriction budgétaire : la réforme de la carte judiciaire engagée en 2007 a abouti à la suppression de près d'une juridiction sur quatre, leur nombre passant de 1 190 à 863.

La justice est pourtant attendue dans le projet des nations. Le développement de la société de droit, que l'on analysera plus loin, appelle la justice rendue par les tribunaux. Voici pourquoi la justice occupe une place de choix dans l'évolution historique en cours.

Pour traiter de sa place, une question se pose cependant : celle de son *indépendance*. Celle-ci est demandée par les magistrats de tous les pays, qui se plaignent, soit des pressions exercées par le pouvoir politique, soit des critiques auxquelles sont soumises leurs décisions, parfois doublées d'attaques personnelles du pouvoir ou du public, soit encore des aléas de la gestion de leur ministère par les gouvernements. Plus que jamais la justice doit être indépendante, mais, comme la loi est votée par la représentation nationale pour refléter la demande des peuples, les objectifs de la politique pénale doivent être fixés par le pouvoir. La justice est rendue au nom du peuple, et doit être recherchée selon sa volonté.

Aux États-Unis, l'élection des juges correspond à cette logique démocratique, qui s'inscrit par ailleurs dans un ordre juridique régulé au sommet par la Cour suprême. En France, la direction du parquet par le pouvoir exécutif, qui lui-même répond de ses engagements devant le Parlement, permet à des magistrats spécialisés d'exprimer les intérêts de la société dans le procès pénal. Cette direction sera certainement maintenue dans le nouvel ordre politique des nations. L'indépendance de la justice ne pourra pas équivaloir à une autonomie complète, qui viendrait malencontreusement renforcer cette image négative d'isolement de la magistrature ouvrant parfois à une politisation incongrue. La justice doit rendre ses décisions dans une vraie situation d'indépendance, qui reste la garantie de son impartialité, tout en continuant de fonctionner selon les objectifs de l'État.

Face au désordre des sociétés, un fort courant d'opinion veut un renforcement de la police, l'autre fonction régalienne intérieure, et la pleine justification des interventions de celle-ci dans des états d'urgence prorogés. Dans la collaboration qui s'instaure chaque jour entre eux, le fossé se creuse entre les agents de la force publique qui interviennent sur le terrain et sont confrontés aux violences quotidiennes, et les juges qui doivent conduire les instructions et des procès de plus en plus nombreux et difficiles. Les policiers reprochent aux juges leur laxisme provoqué par leur absence de connaissance du terrain, tandis que ces derniers accusent les forces de police de ne pas respecter les libertés publiques. Le discours sécuritaire l'emporte ainsi dans l'esprit des personnes qui en viennent à considérer la justice comme n'étant pas, quant à elle, essentielle.

Cependant, la justice autant que la police lutte contre la délinquance, la violence et le terrorisme. Le respect des règles de droit rappelées par le juge nourrit l'ordre public et renforce la légitimité des institutions politiques. La justice sera plus que jamais un moyen au service de l'État pour lutter contre le désordre des sociétés. « Plutôt que de présenter le juge dans une logique d'opposition avec les autres pouvoirs, ne faut-il pas l'accepter à sa juste place de défenseur de l'État de droit et de la démocratie ? » s'interrogeait, le 11 janvier 2021, la première présidente de la Cour de cassation française[20].

C'est la deuxième rupture. Le retour à la nation s'appuie sur l'État régalien, qui sert celle-ci de l'intérieur comme de l'extérieur. Les fonctions régaliennes sont à l'origine du nouvel ordre politique des nations.

3

Un nouveau commerce international à inventer

Cette année-là, le Forum économique mondial, autrement connu sous le nom de Forum de Davos, était confronté aux premiers effets de la crise des subprimes. Fin janvier 2008, Klaus Schwab, son fondateur, évoquait « un monde schizophrène : d'un côté l'économie mondiale connaît un boom sans précédent, de l'autre, on assiste à une forte montée des risques[1] ». Pouvait-il s'en étonner véritablement ?

Le capitalisme est le dieu Janus. Il a deux faces. D'un côté, il crée la richesse des nations ; de l'autre, il met celles-ci en péril par les abus que commettent les hommes en son nom. Il est ambivalent, ou est déchiré entre la promesse de bien-être qu'il apporte aux peuples et les crises à répétition que subissent les sociétés de son fait. Le capitalisme engendre son ennemi, une économie déréglée, que les hommes ont voulu dominer dans le cycle de la mondialisation par les fameux algorithmes. On a cru pouvoir se reposer sur des calculs mathématiques de pointe, censés permettre d'appréhender les risques d'une économie projetée sans limites, multipliant les inconnues, devenue irrationnelle, mais en vain.

Dans la période qui s'ouvre, les nations continueront de rechercher la face positive du capitalisme. L'entreprise qui se crée et se développe librement est la clef de la création de la richesse des nations. Les emplois et les revenus dans la société, comme les recettes fiscales des États, en dépendent.

Si l'on y réfléchit bien, c'est le capitalisme qui a triomphé du communisme, non le libéralisme. Une civilisation matérielle faisant appel à une soif de consommation des individus l'a emporté sur le carcan de la société communiste. Les anciennes nations socialistes ne se sont pas converties aux valeurs profondes du libéralisme, mais ont adopté un modèle de développement les soumettant à la seule loi du matérialisme. Le capitalisme, nommé encore néolibéralisme, a trompé les promesses intellectuelles et morales du libéralisme.

Celui-ci avait su attacher les deux courants du libéralisme politique et du libéralisme économique, le premier lié au développement de la liberté des individus, le second aux conditions de la croissance des nations. Ils étaient apparus dans des temps rapprochés : le libéralisme politique à partir de la fin du XVIIe siècle en réaction à la monarchie absolue française, au travers d'œuvres comme celles de John Locke et de Montesquieu, et le libéralisme économique au XVIIIe siècle, avec les travaux des physiocrates français, puis ceux d'Adam Smith et de ses élèves, Thomas Malthus et David Ricardo, qui voulurent imaginer une nouvelle économie politique des nations. Les institutions libérales, reposant sur la séparation des pouvoirs et la théorie du mandat représentatif, avaient su elles-mêmes encourager les forces créatrices du marché. Les deux libéralismes s'étaient ainsi complétés et avaient défini une société homogène dans le grand œuvre du XIXe siècle. Ils participaient d'un accord historique[2].

Les nations s'emploieront à réunir et réconcilier, équilibrer les deux parts du libéralisme dans un nouvel accord historique. Elles se garderont ainsi de la face négative du capitalisme ou du néolibéralisme, en définissant les nouvelles lois capables de le dominer.

Ces lois sont celles de la compétitivité et de la réciprocité. Par elles, les nations chercheront à refonder le lien avec leurs entreprises, qui a disparu au cours de la mondialisation, derrière lequel se profile l'enjeu de leur souveraineté économique.

La compétitivité ou le dépassement de l'offre et de la demande

Longtemps, l'économie des nations fut déterminée par deux lois, portées par les écoles d'économistes éminents, celles de l'offre et de la demande. La première émanait des économistes libéraux qui considéraient que les mesures favorisant la production des entreprises, comme la baisse des impôts et des charges sociales, créaient la croissance. Elle fut au cœur de la démonstration de l'école de Chicago à partir des années 1980. La seconde loi, dont on doit certainement la meilleure présentation théorique à John Maynard Keynes, cherchait à stimuler la consommation des ménages, par exemple en augmentant les traitements des fonctionnaires et les revenus sociaux, toujours pour obtenir la croissance. Ces deux lois ont durablement rivalisé dans l'encadrement de l'activité économique des nations.

Elles n'ont plus eu avec le temps que des effets limités et sont devenues des caricatures d'elles-mêmes à force d'être utilisées à des fins parfois uniquement politiques, voire idéologiques. Une politique de droite devait être celle de l'offre, une politique de gauche, celle de la demande. On peut noter que la mondialisation fut portée par la première, en reposant sur la déréglementation de l'économie et du travail ; le socialisme ressuscita une politique de la demande, avec l'augmentation de toutes les formes des emplois aidés. Utilisées successivement, elles ont désigné des phases de respiration et d'inspiration du corps économique des nations. Celui-ci était soumis à la pression des mesures attachées à relancer respectivement l'offre ou la demande. Ces deux lois ont fini par dérégler la vie de l'économie, la priver de son cours régulier, ôter aux acteurs le repère de la stabilité des règles du jeu.

Une première loi nouvelle est apparue à la fin du cycle de la mondialisation. Elle correspond au défi d'une concurrence de plus en plus vive entre les économies des nations. C'est l'effort de compétitivité, qui consiste pour les gouvernements à organiser les structures politiques, économiques et sociales de leur pays afin d'offrir le meilleur accueil aux investissements directs étrangers.

La richesse des nations ne peut être créée que si les acteurs économiques sont libérés du carcan des règles et des procédures qui entravent leur développement. Il faut se rappeler comment la révolution industrielle a vu le jour en Europe. Des pionniers ont réussi le pari de créer leur entreprise grâce à la liberté accordée par l'État et appelée par la société elle-même, et la première production de biens manufacturés a ainsi profité à de vastes bassins d'emplois dans de nombreuses régions des pays européens. La liberté offerte par la nation a été le levier de la création de la richesse économique. C'est elle que doivent retrouver les nations du XXIe siècle.

Une nouvelle génération d'entrepreneurs est en train de naître et de réinventer la liberté d'entreprendre. Elle le fait en quelque sorte par le bas, n'ayant, quant à elle, nul besoin d'un soutien des États. Des personnes décident de fonder une entreprise, en tenant compte des contraintes pesant sur elles, mais sans se tourner vers la puissance publique pour les compenser voire les faire disparaître. Ces personnes ne critiquent d'ailleurs pas l'État : elles ne le voient pas. On mesurera le contraste avec certaines grandes entreprises qui ne cessent de dénoncer l'État, tout en sollicitant toujours son soutien par des subventions publiques.

Dans l'effort de compétitivité des nations entre indéniablement la culture d'entreprise.

Le pari de la création est le moteur de l'économie. Voici pourquoi les nations s'efforceront de donner toute sa place au créateur, futur dirigeant de son entreprise, face à l'actionnaire. Celui-ci domine la vie des entreprises au sortir du cycle qui a vu nombre d'investisseurs se substituer aux fondateurs. Ces derniers l'avaient certainement voulu, mais ont sans doute agi de la sorte aussi parce qu'ils ne trouvaient pas l'appui des banques pour financer leur développement. La révolution financière a organisé le double jeu du retrait des banques et de l'arrivée des fonds d'investissement, imposant la supériorité de la finance sur le travail. A-t-on observé la stratégie d'un fonds qui entre dans le capital d'une société commerciale ? L'argent placé n'a pour but qu'un retour plus élevé d'argent, et le moyen d'y parvenir, la rentabilité exigée du facteur humain. Le créateur doit être remis au premier plan.

Dans le prolongement de cette culture d'entreprise, il y a la valeur du travail. Les nations sont inégales dans leur relation à celle-ci. Par exemple, les Français ont longtemps aimé le travail et n'ont pas compté leurs heures à l'usine ou au bureau. Jusqu'à un temps récent, on jugeait qu'ils avaient l'une des meilleures productivités au monde. Mais, aujourd'hui, les

Français n'aiment plus le travail. La réforme des 35 heures a provoqué une rupture psychologique aussi bien qu'économique. Le temps de travail est compté, l'engagement dans celui-ci, retiré. Dans d'autres nations, souvent aux frontières de notre pays, la valeur du travail jouit d'une tout autre considération.

Les revenus proviennent uniquement pourtant du travail dans une société saine. Ceux du travail devraient donc être moins imposés que ceux du capital. La révolution sociale de demain sera celle qui redéfinira l'assistance sociale, afin qu'elle soit conditionnée plus rigoureusement ou rendue plus sélective. On ne supprimera jamais le soutien aux plus démunis. Au-delà, les allocations sociales, et toute autre aide imaginée, tel le revenu universel, ne peuvent pas engendrer une société de revenus sans travail.

Dans l'effort de compétitivité des nations, il y a, enfin, le cadre que constituent les grands services publics. Les entreprises en ont besoin directement pour leurs activités, mais aussi indirectement pour leurs employés. Ces services ne sont pas qu'une utilité pour les entreprises, mais créent la base de la solidarité pour les hommes et les femmes qui y travaillent. Il faut une école, des hôpitaux, des transports collectifs, les infrastructures essentielles de l'eau et de l'énergie dans chaque nation, pour les entreprises et les populations que celles-ci emploient.

Un tabou tombera ainsi. La logique de la libre concurrence doit s'arrêter au seuil des grands services publics. Il n'y a aucun sacrilège à redéfinir le périmètre de services de la collectivité devant échapper à cette logique. Il faut retrouver l'exception publique. Tout ne se vaut pas. Les services publics doivent être gérés le plus utilement possible par des entreprises auxquelles la nation fixe des objectifs dont elle contrôle la réalisation.

Les nations ont à présent le recul nécessaire pour juger des effets de la privatisation des services publics. Les choix de rationalité de gestion ont abouti généralement à une réduction de l'offre, les services de la collectivité perdant peu à peu de leur efficacité et de leur universalité, que ce soit du fait de l'attribution de missions d'intérêt général à des opérateurs privés à la suite d'appels d'offres les mettant en concurrence avec les entreprises publiques dans des conditions le plus souvent artificielles, ou de l'ouverture du capital de ces dernières à des investisseurs financiers poursuivant leurs objectifs de rentabilité au détriment de l'intérêt général. Dans les économies des nations les plus libéralisées, c'est la même gabegie de moyens qui s'éloignent, jour après jour, du service de la nation[3].

Il faut enfin se garder du repli vers la seule voie numérique. Les services publics se métamorphosent sous l'emprise d'Internet, mais les guichets numériques ne remplaceront pas leur présence réelle. Ceux-ci sont attendus pour être une incarnation vivante du service de la collectivité dans les territoires.

La compétitivité repose sur une relation nécessaire entre l'État, qui développe une politique d'attractivité des investissements, et les entreprises, qui créent la richesse des nations. Ils se rejoignent dans une culture économique vivante au sein des nations. Voici la première loi nouvelle.

La réciprocité ou l'équilibre économique entre les nations

Les nations doivent aussi lutter contre les excès de la concurrence entre les acteurs économiques au plan international. Chaque nation a une agriculture, une industrie et des entreprises de services qui, si elles sont prêtes à se confronter aux offres de leurs concurrentes, doivent aussi être protégées contre ces dernières si elles ne respectent pas les règles d'une juste concurrence.

Cette protection n'est pas le protectionnisme. Il ne s'agit pas de fermer les frontières, mais d'organiser une équité dans les échanges économiques de manière à ce que les conditions d'accueil des investissements soient les mêmes pour toutes les entreprises dans tous les pays.

Le cas d'école est celui du marché européen où des entreprises étrangères concurrencent les entreprises européennes sans être soumises aux mêmes règles qu'elles dans leur pays. Ces règles résultent principalement des lois sociales, fiscales et environnementales. Leur respect a un coût. L'entreprise qui en est exonérée est naturellement plus compétitive que celle qui n'y est pas soumise. Symétriquement, dans les pays où les entreprises européennes veulent s'implanter, les conditions d'accueil des investissements directs étrangers diffèrent de celles que connaissent les entreprises de ces États en Europe. La traduction la plus significative de ce phénomène est le taux d'ouverture des marchés publics : dans l'Union européenne, il est de 90 %, contre 30 % aux États-Unis et 0 % en Chine.

C'est la double peine. Les entreprises européennes ne luttent à armes égales ni chez elles, ni sur les marchés extérieurs. Et c'est certainement la critique majeure que l'on puisse adresser à l'idéologie de la construction européenne. Les différents secteurs de l'activité économique européenne ne bénéficient d'aucun instrument efficace de défense commerciale.

La concurrence faussée a aussi engendré une autonomie grandissante de l'économie mondiale par rapport à la vie des nations. Les entreprises, les institutions financières et tous les acteurs associés au capitalisme mondial vivent au rythme de leurs propres projets qui sont lancés selon leurs calculs de rentabilité. Certains gouvernements nationaux ont pu se vanter, ici et là, d'avoir initié une reprise économique. C'était bien malgré eux. Les gouvernements ne décident pas réellement des temps de l'activité économique. Au final, les peuples ont vu l'économie de marché creuser la distance et s'éloigner irrémédiablement d'eux.

La constitution d'oligopoles mondiaux imposant leur loi aux nations a consacré cette autonomie grandissante de l'économie de marché. L'illustration en est donnée par les géants d'Internet identifiés sous l'acronyme GAFA (Google, Apple, Facebook, Amazon), plus récemment GAFAM (avec Microsoft)[4]. Étrange paradoxe du modèle néolibéral qui voulait démanteler les rentes nationales. Ces oligopoles ont trompé l'idée de partage des richesses en produisant des rentes qui en ont fermé l'accès. Le monde global a généré des rentes globales. Il faut ajouter que la révolution numérique que portent les mêmes entreprises a développé une emprise sur la vie des nations avec toutes les potentialités d'Internet et des réseaux qui y sont associés[5].

Dans le monde qui se dessine figure ainsi l'exigence d'une réciprocité dans les échanges économiques, seule à même de rendre possible l'équilibre de ceux-ci. C'est un profond changement d'état d'esprit qui est appelé. Il faut *cesser le libre-échange*, et *promouvoir l'échange réciproque*. Celui-ci pourrait reposer sur l'introduction de clauses dans les traités bilatéraux de protection des investissements entre les États définissant des règles d'accès équivalentes des entreprises aux différents marchés du monde. Les États identifieraient les normes sociales, fiscales et environnementales dont le respect est souhaitable dans les relations entre leurs entreprises. Cette sélection se ferait de manière pragmatique. Il s'agirait de fixer, pour chaque secteur économique, le respect d'un certain nombre de normes ; si l'entreprise de l'un des deux États ne respectait pas l'une de ces normes, l'avantage qu'elle en retirerait serait sanctionné par une imposition douanière d'un montant équivalent. Cette forme de contre-mesure, inspirée de la logique antidumping, ne permettrait pas à l'entreprise de conserver l'avantage obtenu dans un premier temps[6].

La menace de la sanction douanière inciterait les entreprises du monde entier à s'aligner sur les mêmes standards. Ceux-ci généreraient en outre une amélioration des comportements par l'effet de leur convergence. C'est un commerce international non seulement équitable, mais plus qualitatif ou moins sauvage qui verrait le jour.

La réciprocité présente ainsi un immense atout de civilisation. Dans une compétition qui oppose des entreprises évoluant dans des environnements différents, elle induit la recherche des meilleures exigences. Pour les citoyens, les consommateurs, les employés, les entreprises elles-mêmes : une évolution par le haut des règles du commerce international.

Parmi ces règles, il faut compter naturellement les droits de l'homme. À côté des lois sociales, fiscales et environnementales, il y a les lois politiques. Peuvent-elles être durablement ignorées dans les échanges économiques ? Les États doivent les inscrire dans les traités bilatéraux de protection des investissements, et faire de leur respect une condition préalable de l'accès à leur marché national[7].

La réciprocité permettra de passer outre la tentation du protectionnisme, qui est une illusion, au mieux une tromperie, et ressoudera l'économie réelle des nations. Elle sera aussi plus forte que le patriotisme économique puisqu'elle ouvre aux champions nationaux les marchés extérieurs, tandis que celui-ci veut les protéger sans se soucier de leur développement international.

Cette seconde loi nouvelle complétera la première. Si la *compétitivité* favorise les investissements, et *crée du travail*, la *réciprocité* instaure un équilibre des relations économiques, et *sauve des emplois*.

Refonder le lien entre l'entreprise et la nation

Beaucoup d'entreprises sont devenues multinationales durant le cycle de la mondialisation. La conquête des marchés extérieurs leur était ouverte. Il n'y avait pas de développement sans dépassement des limites des marchés intérieurs. Mais, dans beaucoup de nations, les mêmes entreprises qui travaillaient à l'international restaient attachées à leur pays. Elles se considéraient comme des entreprises nationales, non évidemment des entreprises publiques ou comptant l'État parmi leurs actionnaires, mais des sociétés commerciales ayant une origine nationale et bénéficiant d'ailleurs souvent du soutien de leur État dans leurs investissements internationaux. C'était le cas aux États-Unis, mais aussi dans la plupart des pays d'Asie, à commencer par la Chine.

Ce n'est qu'en Europe, particulièrement en France, que les entreprises ont voulu nier leur origine nationale et, surtout, leurs devoirs envers leur nation d'origine. C'était une forme d'abandon de la collectivité, voire de trahison.

Les Européens ont cependant pris conscience aux premiers jours de la crise sanitaire mondiale qu'ils dépendaient de l'Asie pour leur approvisionnement en médicaments puis, au déclenchement de la guerre en Ukraine par la Russie, de cette dernière pour leurs sources d'énergie. Ils ont compris qu'il leur fallait réinstaller sur leur territoire les usines fabriquant les médicaments et créant l'énergie dont a besoin toute nation indépendante. Mieux que relocaliser, pourtant, le projet sera de refonder le lien entre l'entreprise et la nation.

Il sera en effet de plus en plus inadmissible que les entreprises laissent aux nations le passif de leur gestion : usines vidées, emplois supprimés et sous-traitants abandonnés. Les entreprises ont quitté leur pays d'origine pour se soumettre aux régimes juridiques les plus favorables à leur production qu'abritaient des pays tiers. Elles ont alors oublié les services qui leur avaient été rendus. Le jeu était à sens unique. Ce fut l'un des aspects les plus détestables du cycle de la mondialisation. Des entreprises qui investissaient en dehors des nations les ayant vues naître et ayant souvent contribué à leur développement ont tourné le dos à leurs origines. Retrouver le lien entre les deux mondes est la priorité. Ajoutons que l'État sera d'autant moins présent dans l'économie que les entreprises y rejoueront pleinement le rôle social attendu par les nations.

Pour cela, les apôtres du libre-échange doivent faire leur révolution culturelle. Toutes les entreprises ont une origine nationale. Leurs valeurs, leur organisation et leur méthode sont puisées dans une nation. Elles gardent souvent leur nom et leur marque en héritage de leur création dans cette nation. Celles et ceux qui les rejoignent pour y travailler veulent aussi adhérer à leur histoire. Le refus de l'origine sera de plus en plus un handicap quand les nations ne voudront plus défendre les entreprises qui ne se reconnaissent pas en elles. La vie autonome des entreprises n'est à la vérité pas possible.

Derrière le lien retissé entre l'entreprise et la nation se profile le nouvel enjeu de la souveraineté économique. Il s'agit pour chaque nation de recomposer un capital d'installations de production et de circuits de distribution qui lui redonnent ses richesses propres. La traduction en a déjà été trouvée dans le domaine numérique, où l'on sait de nombreux États désireux de se protéger contre le monopole des informations entre les mains d'opérateurs privés[8]. Elle sera recherchée dans les domaines énergétique, sanitaire et alimentaire. Les grandes entreprises qui se sont développées dans le monde global – GAFAM, mais aussi Ikea, Nike, Toyota, Huawei, ou encore Samsung – trouveront aussi leurs limites[9].

C'est l'autre défi au quotidien de la mondialisation. Un monde aux échanges économiques équitables, d'une nation l'autre, lie à nouveau les entreprises à leur nation et offre à celle-ci l'occasion de reprendre en main son développement.

4

L'énergie ou le secteur souverain des nations

C'était quelques années après la Première Guerre mondiale. La découverte d'un gisement de pétrole en Mésopotamie avait réuni les premières grandes compagnies autour d'une table pour discuter du partage de leurs droits d'exploitation.

La concession des gisements pétroliers autour des deux villes de Bagdad et de Mossoul avait été octroyée par une lettre du Premier ministre de l'Empire ottoman, le 28 juin 1914, à la Turkish Petroleum Company (TPC), société constituée trois ans plus tôt. Le capital de la TPC était détenu à 50 % par l'Anglo Persian Oil Company (APOC), 25 % par la Royal Dutch Shell et 25 % par la Deutsche Bank, à laquelle devait succéder la Compagnie française des pétroles (CFP) en 1924[1]. L'Irak, succédant dans la région à l'Empire ottoman, avait redéfini les droits de la TPC pour une durée de soixante-quinze ans par une convention du 14 mars 1925.

Les premiers forages effectués dans le désert blanc entre le Tigre et l'Euphrate avaient été infructueux, puis « le 15 octobre 1927 un puits foré à Baba Gurghur, juste au nord de Kirkouk, donna un jaillissement tel qu'il ne put être contrôlé de plusieurs jours et causa la mort par asphyxie de deux personnes[2] ». Le 31 juillet 1928, les trois actionnaires de la TPC se retrouvaient à Londres avec la Near East Development (NED), regroupant cinq compagnies américaines, et Calouste Sarkis Gulbenkian, homme d'affaires indépendant, qui recevait 5 % des profits de la TPC prélevés pour moitié sur les profits de l'APOC et pour l'autre moitié sur ceux de la Royal Dutch Shell[3]. Tous signèrent le Group Agreement qui fixait la participation de leurs sociétés à l'exploitation des pétroles de Mésopotamie, mais surtout les engageait à ne pas se faire concurrence « à l'intérieur d'une certaine "ligne rouge" qui englobait en fait la plupart des territoires de l'Empire ottoman à la suite de la guerre de 1914-1918[4] ». Cette ligne entourait les territoires de la nouvelle Turquie, de l'Irak et de la Syrie, longeait la mer Rouge sans pénétrer dans le territoire égyptien et englobait tous les États de la péninsule arabe, hormis le Koweït.

L'accord dit de la « Ligne rouge » participait de l'esprit des accords Sykes-Picot signés douze ans plus tôt. Ceux-ci avaient procédé à un partage de l'influence de la France et de la Grande-Bretagne au Moyen-Orient, la Ligne rouge délimitait une zone qui serait dominée par les investissements occidentaux. L'Irak était, de son côté, le premier État concédant de droits d'exploitation, puisque c'est à partir de la convention de 1925 que les compagnies pétrolières fondèrent leurs droits initiaux dans la région.

Les acteurs du grand enjeu de l'exploitation des hydrocarbures étaient réunis : d'un côté, les sociétés commerciales exprimant leurs intérêts dans des territoires étrangers à leur nation ; de l'autre, un État organisant ses droits d'autorité souveraine dans le cadre d'une concession. Il faut dater de cette période la recherche de la maîtrise de leurs sources d'énergie par les puissances occidentales, puis, leur emboîtant le pas, par l'ensemble des nations du monde. La puissance des nations, qui se mesurait autrefois au contrôle des voies d'accès à l'Orient, consisterait désormais à dominer les sources d'énergie. Notre monde est passé de la *souveraineté du passage* à la *souveraineté de l'énergie.*

Énergie nationale

Le charbon avait précédé le pétrole. Au début du XIXe siècle, l'exploitation des mines de charbon avait permis de dégager une source d'énergie nouvelle dans les pays de l'Europe du Nord et d'Europe centrale. Cette source d'énergie allait être à l'origine du développement de la sidérurgie et du textile. Sa caractéristique serait d'être concentrée dans des centres industriels. Les manufactures et les populations urbaines consommaient une production d'énergie locale. Les États et les sociétés de charbon qu'ils contrôlaient ou dont ils étaient proches avaient la main sur cette production consommée sur place.

Pour la même raison, l'exploitation du charbon, en rassemblant les mineurs sur des lieux de travail où ils pouvaient se parler et échanger sur leurs conditions de vie et de travail, avait entraîné l'organisation de forces sociales qui seraient à l'origine d'actions politiques nouvelles, dont les grèves générales frappant les installations de production du charbon et les voies de son acheminement. Les mineurs prirent conscience de leur pouvoir d'action dans les centres névralgiques de l'industrie du charbon avant le temps de la mécanisation qui les séparerait. Timothy Mitchell a montré que « l'activisme des mineurs peut être attribué en partie au fait que le transport du charbon de la mine jusqu'à la surface suscita la création de lieux et de méthodes de travail caractérisée par une autonomie inhabituelle[5] ». Le charbon correspondait à l'éveil du temps démocratique.

À l'opposé, le pétrole, exploité dans des lieux coupés de tout rassemblement humain et ne suscitant pas d'unités industrielles massives, n'a tout d'abord pas pu cristalliser de combats politiques. Les populations qui consommaient l'énergie pétrolière n'habitaient pas à proximité des gisements. Ceux-ci réunissaient en outre un nombre de personnes nettement moins élevé que les régions charbonnières autour des mines. « Contrairement au charbon, il était difficile d'agencer le flux de pétrole dans un dispositif permettant à un grand nombre d'individus d'exercer de nouvelles formes de pouvoir politique », selon Mitchell[6]. Le pétrole n'était pas démocratique.

Ce contrôle d'une source d'énergie extérieure au territoire des nations a préparé l'univers de la mondialisation. Il a mis en évidence les comportements de puissance des compagnies pétrolières affranchies des nations et luttant contre elles.

Les compagnies, remportant la victoire jusqu'au début des années 1970, se comportaient comme les anciennes compagnies des Indes dans les systèmes concessifs octroyés par des pouvoirs locaux dominés. Elles avaient en outre l'appui de leur nation d'origine, et l'on sait que le coup d'État de 1953 qui renversa le Premier ministre iranien Mohammad Mossadegh fut monté par la CIA et les services secrets britanniques après que celui-ci eut nationalisé les actifs de l'Anglo Iranian Oil Company (AIOC). Les compagnies pétrolières imposaient leur point de vue aux États producteurs, et les chefs de gouvernement de la région du Moyen-Orient et d'Afrique du Nord n'étaient admis à la table des négociations que pour réclamer une augmentation de leurs redevances.

Les compagnies pétrolières ne se contentaient pas d'acquérir les droits pour forer, mais décidaient de geler les zones de forage découvertes pour exercer un contrôle sur la production. Elles retardaient délibérément le développement de l'industrie du pétrole de crainte de voir les prix s'effondrer si les hydrocarbures se faisaient moins rares. Observateur toujours pertinent, Timothy Mitchell a résumé cette stratégie par la volonté de mettre en place un « dispositif d'orchestration de la rareté[7] ».

L'ascendant des compagnies pétrolières sur les États producteurs a commencé de reculer quand ces derniers ont décidé à leur tour de s'organiser. L'acte fondateur fut la création, le 14 septembre 1960, à Bagdad, de l'Organisation des pays exportateurs de pétrole (OPEP) réunissant l'Arabie saoudite, les trois principaux pays producteurs de la région du Golfe, l'Irak, l'Iran et le Koweït, ainsi que le Venezuela. Un cartel des États répondait au cartel des compagnies. La création de l'OPEP était une réponse à la baisse de la demande de pétrole programmée par les compagnies pétrolières. Les pays producteurs désiraient, quant à eux, accroître la production pour augmenter leurs recettes. Le système de contrôle de la production, ou le dispositif d'orchestration de la rareté, devait être ravi aux compagnies. C'est bien en effet le défi du contrôle de l'intensité de la production, c'est-à-dire la maîtrise de l'offre sur le marché, qui devait déclencher la révolte des pays producteurs.

Le 1er juin 1972, l'histoire du pétrole renouait avec ses origines. L'Irak nationalisait l'Irak Petroleum Company (IPC), nom qu'avait pris la TPC le 8 juin 1929, quelques mois après la signature de l'accord de la Ligne rouge. Contrairement à la nationalisation iranienne de 1953, celle-ci ne fut pas suivie d'une reprise en main par les Occidentaux. L'État irakien du parti Baas, au pouvoir depuis 1968 à la suite d'un putsch militaire, imposa sa volonté. Peu de temps auparavant, les voisins libyen et algérien avaient également décidé, respectivement en 1969 et en 1970, de nationaliser leur pétrole[8].

Les deux crises pétrolières, survenues peu de temps après les décisions des États producteurs, ont fini d'inverser le rapport de forces. Le 17 octobre 1973, l'ensemble des pays arabes membres de l'OPEP, comprenant, outre les fondateurs, le Qatar, la Libye, les Émirats arabes unis et l'Algérie, décidaient, pour répliquer à l'occupation par Israël de territoires égyptiens et syriens, d'augmenter drastiquement le prix du baril de brut de 70 %, puis, quelques jours plus tard, de baisser cette fois leur production de 5 % et d'imposer un embargo sur les exportations à destination des États occidentaux[9]. En un an, le prix du baril de brut passa de 3 à 12 dollars. Cinq ans plus tard, la révolution iranienne, entravant la production d'hydrocarbures de l'un des plus grands fournisseurs de la région, provoquait la deuxième crise pétrolière. La production mondiale diminua malgré les efforts de fourniture des autres États producteurs, et le prix du baril de brut atteignit 35 dollars en septembre 1978.

La crise systémique qu'a connue le pétrole, mêlant la question de la sécurité d'approvisionnement à celle du niveau du prix, a correspondu paradoxalement au début de son hégémonie. « La domination passive du roi charbon se poursuit jusque vers le milieu du XXe siècle puisque ce n'est qu'en 1967 que la consommation mondiale de pétrole dépasse celle du charbon », note Jean-Marie Chevalier[10]. À la même période, la production américaine de pétrole, qui avait été la première au temps où le charbon supplantait le pétrole, passait derrière celle des pays arabes. Le pétrole devenait la première source d'énergie au monde en même temps qu'il basculait entre les mains des pays non occidentaux.

C'est alors que, pour se protéger contre les incertitudes entourant désormais la production de l'or noir, les Occidentaux décidèrent de développer d'autres sources d'énergie : le nucléaire, production d'électricité à partir de la fission de l'atome, et le gaz naturel, dont la recherche mobilise des infrastructures d'exploration semblables à celles du pétrole. Les États consommateurs répondaient aux États producteurs. Le nucléaire et le gaz naturel rejoignaient le pétrole comme énergies politiques.

La France de Valéry Giscard d'Estaing lança le premier programme nucléaire de référence dans le monde. Les études avaient commencé bien avant la première crise pétrolière, mais furent poursuivies et mises en application à grande échelle au cours de celle-ci et lors de la seconde crise pétrolière. Entre 1978 et 2002, la France a ainsi mis en service 58 tranches nucléaires. L'Agence internationale pour l'énergie atomique (AIEA) identifiait près de 450 réacteurs nucléaires en service dans le monde en 2020, répartis dans 30 pays, et 90 à 130 nouveaux réacteurs en construction qui devaient être opérationnels en 2030, dont le tiers en Chine. L'électricité nucléaire représente cependant à peine plus de 5 % de la production énergétique mondiale.

Le développement du gaz naturel remonte aux années 1930. Son achat repose sur la négociation de contrats de long terme entre pays producteurs et compagnies gazières, dont l'originalité réside dans la fameuse clause dite du *take or pay*[11]. Ces contrats sont souscrits, et, par voie de conséquence, le marché du gaz se répartit entre plusieurs zones du monde. Le gaz naturel n'est pas local comme le charbon, mais il n'est pas non plus mondial comme le pétrole. Son prix, en étant aligné sur celui du pétrole, est cependant mondial[12].

L'apparition du gaz de schiste, dans une période récente aux États-Unis, a créé un marché domestique encore plus détaché du marché mondial. Le prix du gaz de schiste a fait cependant baisser celui du gaz naturel, le rendant ainsi doublement attractif puisqu'il est la propriété des États consommateurs et non plus des États producteurs, outre qu'il a un prix décroché du prix mondial du gaz naturel. Les États-Unis exportent plus de 100 millions de tonnes vers l'Asie et l'Europe. Ils sont ainsi devenus en 2017 le premier producteur mondial de gaz, devant la Russie. Le gaz de schiste rejoindra par sa commercialisation le niveau de prix de son grand frère, le gaz naturel, surtout si sa vente par les Américains aux Européens le substitue au gaz russe acheté par eux, en conséquence de la guerre en Ukraine. Le gaz naturel représente aujourd'hui 20 % de la production énergétique mondiale.

Le pétrole reste la première énergie, avec près du tiers de la production énergétique mondiale, et demeure le symbole de la course des nations à la maîtrise de leur approvisionnement en énergie. Il faut d'ailleurs voir les intérêts liés à sa production dans les équipées militaires des États occidentaux contre les pays arabes à partir de 1991. Les deux guerres d'Irak ont permis aux intérêts américains de reprendre le contrôle de la production du pétrole dans la région de la Mésopotamie, qui possède les quatrièmes réserves pétrolières du monde. On revint, par une nouvelle répétition de l'Histoire, aux prémices de l'ordre pétrolier dicté par l'accord de la Ligne rouge. L'Irak, lointain héritier des possessions de l'Empire ottoman, s'était émancipé ; son émancipation était cette fois punie, la loi des intérêts étrangers sur son sol ressuscitée.

La nationalisation du pétrole semble bien pourtant aujourd'hui révolue. Le nombre des énergies disponibles pour remplacer l'hydrocarbure roi est trop élevé pour ressusciter le spectre de la menace de décisions unilatérales des pays producteurs. Le prix du baril de brut, après avoir atteint le pic de 147 dollars en juillet 2008 en pleine crise financière, puis chuté à 40 dollars au début de l'année 2009, s'est stabilisé autour de 50 dollars dans les années 2010. Ce niveau de prix était celui qu'avaient choisi les pays membres de l'OPEP pour préserver leur rente. La demande mondiale a aussi baissé avec les premiers signes de ralentissement de la croissance de pays très consommateurs d'énergie comme la Chine, et le prix du baril de brut a lui-même continué de baisser, entraînant avec lui la baisse du prix de toutes les matières premières, avant de s'effondrer à 20 dollars en 2020, au début de la crise sanitaire mondiale.

Cette rupture de tendance qui voit venir la fin de la domination du pétrole cher a fait changer de stratégie les pays producteurs de pétrole du Moyen-Orient. Jusqu'alors, quand une baisse du prix du baril de brut intervenait, ils fermaient les robinets en espérant provoquer par une soudaine diminution de l'offre une augmentation du prix. L'Arabie saoudite a ainsi décidé de baisser directement son prix pour parer à la menace du pétrole de schiste aux États-Unis. Le 28 septembre 2016, réunie à Alger, l'OPEP créait la surprise en annonçant le retour à un objectif chiffré de production applicable à partir de janvier 2017.

Leur temps est compté. Les réserves pétrolières et gazières des pays du Golfe sont concurrencées, et ceux-ci doivent gérer des risques politiques qui peuvent interrompre à tout moment leur production. Les exemples du Koweït, envahi par son voisin irakien mais rétabli dans sa souveraineté territoriale à la suite de la première guerre d'Irak, ceux de l'Irak et de la Libye, dont les régimes politiques ont sombré sans être véritablement remplacés, et, dans un temps récent, l'attaque de deux installations majeures en Arabie saoudite, le 14 septembre 2019, les ont prévenus. Leur reconversion par des investissements dans les économies occidentales montre cependant qu'ils ont compris.

Dans le secteur de l'énergie, les marchés n'effacent pas les nations. La stratégie de celles-ci conjugue le contrôle à la source de la production des énergies et la surveillance de leur acheminement dans le monde. Il faut au demeurant ajouter la mer, concernée tout autant que la terre dans la conquête des énergies, avec le développement des plateformes offshore en eaux profondes ou encore les objectifs de forage poursuivis aujourd'hui dans le grand océan Arctique. Les réserves identifiées de pétrole et de gaz, qui s'élèveraient dans cette partie du monde encore sauvage à près de 20 % des réserves mondiales, ont suscité les projets d'exploitation de Shell dans les mers de Beaufort et des Tchouktches, et de la compagnie Cain Energy dans la mer de Baffin. Les États eux-mêmes, le Canada, la Chine, le Danemark et la Russie, revendiquent des parties du vaste territoire du pôle Nord.

Il n'y a pas d'énergie mondiale. L'énergie est une *question nationale.* Si les compagnies continuent de peser, les nations gardent jalousement l'énergie comme un secteur souverain. Des accords bilatéraux renforcent la stratégie énergétique des États qui n'ont pas cette indépendance, comme l'on voit la Russie fournir le combustible nécessaire à la centrale nucléaire de Bouchehr en Iran, ou encore la Chine investir dans les secteurs pétroliers et gaziers en Iran également. Une préoccupation nouvelle vient supplanter la protection du territoire, celle des matières premières qui doivent être trouvées en dehors de celui-ci.

Une nation exerce au total sa souveraineté par le contrôle des sources d'énergie qu'elle consomme, pétrole ou charbon, énergie nucléaire ou renouvelable, gaz naturel, de schiste ou liquéfié. Elle protège aussi les monopoles naturels qui sont apparus sur son sol. Dans le même temps, elle étend ses sources d'approvisionnement à l'extérieur. Une nation devient une nation pleine et entière si elle a la maîtrise ou l'accès à des ressources sur des territoires, sans que ces derniers soient nécessairement les siens. Le rapport entre nation et énergie a remplacé celui entre nation et territoire. C'est pourquoi, en définitive, l'énergie, se retrouvant au centre de rivalités entre nations, peut être la cause de nouvelles guerres[13].

« Les grandes routes d'approvisionnement énergétique, note avec clairvoyance Dominique de Villepin, là où les rivalités des grandes puissances sont traditionnellement les plus explosives, deviennent aussi aujourd'hui des zones de tous les dangers, en proie aux guerres civiles ou aux insurrections[14]. » La conquête des énergies du monde, qui est l'équivalent dans notre époque de ce que fut jadis le contrôle des routes terrestres et maritimes vers l'Orient, dit tout du comportement des nations à la fin du cycle de la mondialisation, que celle-ci n'aura pas su dominer. L'invasion de l'Ukraine par la Russie, nourrie d'enjeux énergétiques évidents, en est la toute dernière manifestation.

La transition énergétique sans fin

L'expression fut lancée par les spécialistes de l'énergie avant que les gouvernements ne la reprennent. La transition énergétique désigne le passage d'un modèle de développement dépendant des énergies fossiles à un modèle qui reposerait sur des sources d'énergie renouvelable.

Elle ne limite pourtant pas son ambition à la substitution d'une énergie à une autre. Elle veut aussi provoquer l'abandon d'habitudes de très forte consommation pour retenir la voie d'une économie sobre. Les nations réfléchissent ainsi à la transformation de leur économie. Elles veulent rompre avec la production et la consommation d'énergies polluantes, et cherchent à réduire leurs émissions de gaz à effet de serre. La transition énergétique dicte la transition écologique au sein de chaque nation.

Cette transition risque d'être très longue voire sans fin parce que la substitution des sources d'énergie reste très théorique. Les nations mettent en place des programmes combinant plusieurs sources d'énergie dans ce qu'on appelle le « *mix* » énergétique, où les énergies produisant beaucoup de CO_2 cohabitent avec celles censées avoir un bilan carbone plus vertueux. C'est un modèle dual qui tend en vérité à s'imposer plus que la substitution attendue.

Surtout, le but recherché sera difficile à atteindre. S'il s'agit de préserver l'environnement, de protéger la santé humaine et de corriger l'homme dans son rapport à l'énergie, tout en réduisant la demande d'énergie et en orientant celle-ci vers des sources de production d'énergie renouvelable, les nuisances propres à l'énergie restent entières.

D'une part, elle est à l'origine d'un immense gaspillage économique. Elle génère des pertes en amont du processus de transformation des ressources du sol, puisqu'il faut utiliser de l'énergie pour produire de l'énergie, mais également en aval, car il faut la transporter. La production d'une source d'énergie est ainsi supérieure à sa consommation finale. L'énergie tire plus de ressources de la terre et de la mer que ce dont les hommes bénéficient dans leurs usages industriels et domestiques. Elle est synonyme, depuis le début de l'exploitation du charbon qui a inauguré l'ère des combustibles fossiles, d'une pollution directe de la nature dans son principe ou par sa seule existence.

D'autre part, l'énergie est à l'origine d'accidents majeurs comme ceux survenus dans les centrales nucléaires de Three Mile Island en Pennsylvanie en 1979, de Tchernobyl en 1986 et de Fukushima en 2011, ou encore la marée noire occasionnée par l'*Erika* au large des côtes bretonnes en 1999 et l'explosion du puits en eau profonde exploité depuis la plateforme Deepwater Horizon dans le golfe du Mexique en 2010.

Il y a, enfin, les coûts de l'après-énergie que représentent, pour l'énergie nucléaire, les investissements de démantèlement des centrales et de dépollution des sites sur lesquels elles ont été construites, outre ceux liés à l'enfouissement des déchets, comme, pour les énergies renouvelables, le recyclage des instruments sophistiqués sur lesquels celles-ci reposent, panneaux photovoltaïques et fermes éoliennes. L'énergie est une nuisance à retardement. Dans les calculs des économistes, elle est ainsi définie comme une externalité négative ou une soustraction de valeur économique[15].

La fin des combustibles fossiles peut-elle être annoncée ? L'évaluation préalable des ressources d'un gisement de pétrole ou de gaz a toujours été démentie par le volume des ressources exploitables, une fois le gisement ouvert. Le même étonnement se produit après chaque découverte. La perspective de l'épuisement des ressources d'un gisement, si elle était avérée, serait en outre gardée secrète par les compagnies. Les champs de pétrole et de gaz ne sont pas ou n'apparaissent pas ainsi limités. On voit par ailleurs, en Allemagne et en Chine, le charbon faire un retour étonnant sur la scène des productions d'énergie et, aux États-Unis, le gaz de schiste supplanter le gaz naturel. La fin des combustibles fossiles semble indéterminée.

Comment le retour des énergies renouvelables est-il possible ? Ces dernières avaient constitué la première énergie du monde avant que la révolution industrielle au XIXe siècle n'impose le charbon. Il s'agit de l'énergie hydraulique produite dans les barrages, à laquelle sont venues s'ajouter dans un temps récent les énergies éolienne et photovoltaïque, ainsi que la biomasse dégagée du traitement des déchets industriels et des ordures ménagères. Les énergies renouvelables obéissent à une logique locale et sont censées mieux se saisir de l'impératif de la meilleure économie des consommations ainsi que de celui du traitement des déchets et des eaux usées, mais elles supposent un important effort financier des nations pour les vendre à un prix compétitif sur le marché et ont ainsi une durée menacée.

C'est le *croisement des prix de vente* des énergies fossiles (pétrole, charbon et gaz) et des énergies renouvelables (hydroélectricité, éolien, photovoltaïque et biomasse) qui écrira l'avenir des politiques de la transition énergétique. La proportion entre elles est actuellement de 1 à 5. Leur rééquilibrage pourrait déboucher sur une croissance avec une empreinte carbone moindre[16].

Les nations chercheront à faire triompher l'économie dite circulaire, où les biens produits et consommés par l'homme sont réutilisés, limités et conservés, à l'opposé de l'économie dite linéaire, où ils sont seulement produits, consommés et jetés. Cette économie trouve son application la plus efficace au niveau des villes. Si les énergies fossiles répondent de logiques mondiales, les énergies renouvelables correspondent à des programmes locaux. La clef est bien le territoire local.

Une première traduction est le développement des *smart grids* ou réseaux d'électricité regroupant des sources de production et de consommation sur des sites homogènes.

L'objectif de ces réseaux est de créer une solidarité des consommations par des effacements ou des renonciations à consommer complémentaires entre des habitations et des bâtiments industriels, outre le développement de capacités locales de stockage de l'énergie. Une seconde traduction est un plan d'organisation des villes qui privilégie des modes de transport rapprochant les lieux d'habitation de ceux de l'école et du travail, la création d'espaces de vie proches des installations de production. C'est le projet des *smart cities* qui inspire actuellement l'aménagement de quartiers entiers de grandes métropoles, comme celui d'Ijburg bâti sur une île artificielle à l'est d'Amsterdam.

Les nations devront simultanément veiller à préserver l'égalité d'accès de tous à l'énergie. Ni les *smart grids* ni les *smart cities* ne pourront exclure les populations extérieures aux aires urbaines de la consommation d'énergie nationale. C'est une autre contrainte de la transition énergétique, qui ne pourra pas ignorer l'impératif de justice sociale.

Charbon, pétrole, gaz, énergies éolienne et photovoltaïque, biomasse, énergie des barrages hydroélectriques sur les fleuves et des hydroliennes fixées dans les fonds marins : on est au total frappé par la multiplicité de sources d'énergie que l'homme a su trouver. Il n'y aura pas de crise énergétique dans le monde d'après. Mais, si la mondialisation a créé une offre et une demande intensives, se stimulant respectivement, et, comme dans les marchés financiers avec la titrisation des crédits, un éloignement du consommateur par rapport au producteur, qui a entraîné des comportements irrationnels et coûteux, l'offre et la demande seront moins intensives en se rapportant à des marchés de plus en plus locaux au sein des nations, qui seront aussi moins inflationnistes.

Les sept lois de l'énergie

Il faut comprendre le temps dans lequel nous entrons. La même fuite en avant des nations à l'Est et à l'Ouest explique leur recherche de la maîtrise des sources d'énergie qui leur permet de progresser. Notre temps est celui de l'énergie.

Récapitulons. L'énergie a enfanté la civilisation industrielle. Selon Timothy Mitchell, la mine de charbon et la machine à vapeur, dont la combinaison avec le fer a permis la construction des locomotives à vapeur, « ont contribué à la constitution d'un monde de calcul, de circulation et de contrôle dont les doctrines de l'économie politique ont bientôt fait partie intégrante[17] ». Le calcul économique et les modèles qui y sont associés, le métier industriel qui a émergé avec la formation des ingénieurs, dont l'ingénieur des mines français, qui a conservé son nom alors que son domaine d'exercice a dépassé depuis longtemps le seul secteur minier, jusqu'à la loi du marché initiant les premières réflexions sur le rôle des cartels et la nécessité de les combattre pour créer les conditions de la concurrence, tout cela est né de l'énergie. Par-delà, la place que celle-ci occupe peut être résumée par sept lois.

L'énergie détermine la croissance des nations. Sans la découverte des sources d'énergie, le charbon, le pétrole puis le nucléaire et le gaz naturel, la croissance économique des pays occidentaux n'aurait pas été possible. Il suffit de mesurer le nombre de processus industriels et d'usages domestiques qui sont apparus et se sont tous révélés dépendants de la production d'énergie. L'éveil des économies émergentes, déterminé à présent par elle, leur ouvre l'accès aux modes de vie occidentaux. L'énergie stimule la croissance, mais la croissance stimule elle-même l'énergie. Il faut en conclure qu'un lien fort existe entre elles deux. En sens inverse, l'absence ou la rareté de l'énergie crée les situations de crise. Les nuisances elles-mêmes de l'énergie suivent dans ce sens la courbe de la croissance. La crise financière à partir de 2009, la pandémie et la guerre des années 2020 ont entraîné une baisse des émissions de gaz à effet de serre dans le monde.

L'énergie concentre l'industrie des nations. Elle est en effet proprement concentrationnaire en étant tentaculaire à partir de ses infrastructures. Dans les flux du commerce des nations, elle impose ses réseaux physiques : voies maritimes empruntées par les pétroliers et les navires méthaniers transportant le gaz naturel liquéfié, oléoducs transcontinentaux acheminant le pétrole brut et gazoducs, interconnexion des réseaux de transport et déploiement des réseaux de distribution d'électricité et de gaz. Aux points de livraison de ces réseaux s'organise une vie économique soutenue qui est l'origine même des grands axes de communication du monde. L'évolution de l'exploitation des énergies fossiles a étendu les cercles de la concentration de la production d'énergie : le charbon fut très concentré, le pétrole a appartenu aux couples États producteurs-compagnies pétrolières de plus en plus mondiaux, le gaz est dirigé à présent sur des trajets de très longue distance. Cette concentration physique est économique.

L'énergie domine le commerce des nations. Elle est la première marchandise échangée entre elles. Sa vente s'opère par de multiples supports et dans de nombreux marchés qui correspondent à des modalités différentes de règlement de son prix[18]. La vente de cette marchandise ne se faisant pas dans la monnaie des pays exportateurs mais dans celle des pays importateurs, qui fut d'abord la livre sterling, puis le dollar et, aux côtés de celui-ci depuis sa création, l'euro, le commerce de l'énergie a engendré la constitution de réserves considérables de ces monnaies, outre qu'elle a assis leur hégémonie[19]. Ces réserves ont permis de constituer les premiers fonds souverains du monde. Les dix premiers fonds basés au Proche-Orient détiennent près de la moitié des actifs mondiaux. Ces fonds investissent dans les économies du monde entier, leurs investissements créent à leur tour des recettes démultipliant les revenus initiaux tirés de la vente de leurs sources d'énergie par les pays producteurs[20].

L'énergie a un prix directeur des échanges entre les nations. Le prix de beaucoup de biens et de services est fixé à partir du prix de l'énergie. Celui-ci peut être erratique ou irrégulier, à la suite des crises politiques qui peuvent éclater dans les pays producteurs. Il pèse et reste finalement peu flexible sur le long terme, comme s'il parvenait à s'affranchir du risque politique et était dicté par la seule volonté des pays producteurs. Il répond à des stratégies de contrôle des marchés menées par ceux-ci, qui neutralisent les points d'équilibre naturels entre l'offre et la demande. Ces stratégies sont l'équivalent dans la théorie économique classique des situations de concentration qui créent des prix élevés. Puisque la demande ne s'effondre pas, ou tant qu'elle ne s'effondre pas, autre loi de la théorie économique, les compagnies de charbon, de pétrole et de gaz, outre les centrales nucléaires réparties aux quatre coins de la planète, n'ont aucune raison objective de baisser leurs prix. Prix directeur de l'économie des nations, l'énergie constitue aussi un facteur d'inflation.

L'énergie a la plus forte concentration capitalistique. Saudi Aramco, spécialiste de l'extraction et du raffinage du pétrole et du gaz, propriété de l'Arabie saoudite, est en tête du classement des dix premières entreprises mondiales devant les géants d'Internet. Suivent le fournisseur d'électricité chinois State Grid, China National Petroleum, Sinopec Group, Royal Dutch Shell et ExxonMobil. À la fin du siècle dernier, les fusions-acquisitions dans ce secteur avaient engendré les plus fortes valeurs de transaction, dont ExxonMobil

77 milliards de dollars en 1998 et TotalFina-Elf 54 milliards de dollars l'année suivante. Cette concentration capitalistique dégage une richesse exponentielle puisque l'on sait que les taux de profit de ces entreprises sont les plus élevés. Les matières premières sont devenues des produits financiers. L'énergie a généré un marché accumulant des valeurs économiques considérables, celui du carbone[21].

L'énergie est devenue un bien aussi essentiel que l'eau. Elle a une valeur déterminante dans la vie de tous les jours. Cette valeur n'est pas cette fois liée à son prix ou à sa valeur économique, mais à son usage. L'énergie apparaît sans limites quand on mesure l'étendue des biens et services qui en dépendent : confection des vêtements et production des engrais, éclairage des rues et chauffage des maisons, circulation des voitures, des camions, des trains, des bateaux et des avions qui transportent les hommes et les marchandises dans le monde entier. L'énergie est devenue une facilité de nos vies. Il faut bien sûr ajouter les utilités essentielles au-delà des simples usages répertoriés, comme le pompage des eaux dans les régions désertes du monde ou la conservation des vaccins dans les réfrigérateurs.

L'énergie est au cœur de la nouvelle démocratie politique. Enfin, bien économique et bien essentiel, l'énergie sert de catalyseur à une production de messages, de discussions et de forums, via Internet et avec le développement de la téléphonie mobile. L'expression des opinions politiques est fortement dépendante de l'énergie. Comme nous l'avons relevé, l'âge de cette nouvelle communication par le numérique n'a pas correspondu à l'âge d'une nouvelle énergie pour l'alimenter. Dans la Silicon Valley, les géants d'Internet n'ont pas réfléchi aux conséquences écologiques de la production énergétique appelée par leurs outils. A-t-on vu un seul message de leur part invitant les internautes à utiliser avec modération leurs ordinateurs, tablettes et autres téléphones portables ? C'est une dissymétrie de la modernité. La nouvelle voie de la démocratie numérique n'a pas dépassé la voie éprouvée des énergies fossiles, et reste autorisée par elle.

Ces sept lois l'énoncent clairement : l'énergie est inséparable de la vie de l'homme moderne. Sa consommation augmente d'ailleurs par tête en fonction de la progression des revenus de la personne. Toutes les nations le savent.

5

Les sommets du climat doivent devenir les sommets de la démographie

Toutes les nations se retrouvent cette fois : il faut sauver la planète. C'est le défi qu'ont voulu relever les 195 États parties à la Convention-cadre des Nations unies sur les changements climatiques (CCNUCC).

Ils s'étaient donné pour objectif, depuis l'adoption de la Convention au Sommet de la terre à Rio de Janeiro en 1992, de réduire leurs émissions de gaz à effet de serre. Près d'un quart de siècle plus tard, l'accord de Paris, qui eut un retentissement mondial à l'hiver 2015, a renouvelé leur engagement à adopter un modèle de développement alimentant moins de CO_2. Sans que l'on s'interroge sur la portée de cet accord, qui ne pouvait avoir au demeurant d'effet exécutoire que s'il était approuvé à l'unanimité des États, conformément aux mécanismes prévus par la Convention, calqués sur ceux des Nations unies, le sommet de Paris, comme ceux qui l'ont précédé et ceux qui l'ont suivi, a donné l'impression que la communauté internationale se trompait de cible. En appelant les États à centrer leur effort sur la maîtrise de leur pollution, elle passe en effet à côté d'une question essentielle : la démographie des nations.

En 1950, la population mondiale comptait *3 milliards* d'individus. En 2000, elle s'élevait à *6 milliards*. Elle augmente de près de 100 millions par an (soit 250 000 individus chaque jour), et pourrait atteindre à ce rythme *9 milliards* d'individus en 2040. Il n'est plus possible d'ignorer cette contrainte qui pèse sur l'écologie de la planète. La communauté internationale doit regarder en face le défi du nombre.

Les conférences mondiales sur le climat demeureront impuissantes tant qu'elles ne voudront pas le relever. La seule volonté politique du contrôle des émissions de gaz à effet de serre ne parviendra pas à sauver la planète. *Les sommets du climat doivent devenir les sommets de la démographie.*

Le double échec

Le combat pour le salut de la planète souffre d'un double échec : celui de l'*écologie politique*, qui n'est pas parvenue à définir une alternative aux politiques traditionnelles du progrès, et celui de l'*écologie réglementaire*, qui n'aura pas abouti elle-même à imposer la voie d'une économie verte.

L'écologie politique est née dans la seconde moitié du XXe siècle. La croissance économique de l'Occident avait conduit l'homme à s'éloigner peu à peu de la nature. Elle avait créé le premier désenchantement moderne devant l'idée de progrès. Plusieurs partis ou mouvances politiques ont voulu l'exprimer. De sensibilités différentes, ils se rejoignaient dans la volonté de mener un combat irréductible et manifestaient un désir de rupture. On trouve ainsi une utopie et un radicalisme révolutionnaire dans les fondations de l'écologie politique. La grande alternative, qui devait inscrire l'homme dans une nouvelle relation avec son environnement, n'est cependant jamais venue. Ses excès ont fait échouer l'écologie politique.

Dans son essence, l'écologie est la science qui traite de l'évolution et des crises des éléments du vivant sur terre. L'écologie politique l'a transformée en un refus de l'économie ou un projet négatif, une somme de valeurs défensives et, finalement, antinomiques du rapport heureux que l'homme doit avoir avec la nature. Au mythe de la *croissance zéro*, en vogue dans les années 1970 avec le Club de Rome, a succédé le thème de la *décroissance*, récurrent dans les partis écologistes contemporains.

L'écologie politique a déclaré la guerre au progrès, et ne s'est ainsi jamais réconciliée avec les hommes. Elle n'a surtout pas voulu prendre la pleine mesure de la sensibilité naturaliste qui existait avant elle et qu'elle aurait pu faire sienne plutôt que de poursuivre, dans des engagements politiques démagogiques et désordonnés, la passion des interdictions.

Le second échec provient de l'écologie réglementaire. Les politiques publiques mises en place par les gouvernements ont cherché à multiplier les mesures contraignantes dictant aux hommes leur action sur l'environnement. Il s'agissait de prévenir, contrôler, punir la pollution à la source. Mais ces politiques non plus n'ont pas eu les effets escomptés.

De grands textes en avaient posé les fondements, et avaient obtenu de précieux résultats : des conventions internationales, comme la convention de Berlin sur la protection des saumons du Rhin en 1885 ou la conférence de Paris sur la protection des oiseaux en 1895, prolongées par la convention de Washington sur le commerce international des espèces de faune et de flore sauvages menacées d'extinction en 1973 ; des lois nationales, telles que la loi sur la pêche du 21 décembre 1888 en Suisse, la loi du 8 avril 1898 en France, ou le Rivers and Harbours Act de 1899 aux États-Unis, établissant les premiers régimes juridiques de lutte contre la pollution des fleuves et des rivières.

La protection des espaces naturels s'y est ajoutée avec, en France, la loi du 21 avril 1906 sur les sites et monuments naturels de caractère artistique, complétée par la loi du 19 juillet 1976 sur les installations classées. Les parcs naturels, dont les premiers furent ouverts en Suisse au même moment, et qui furent créés en France à partir de 1960, ont poursuivi l'idée d'une protection réglementaire de la nature. Au niveau international, la Convention du patrimoine culturel et naturel mondial de l'Unesco, lancée en 1972, ratifiée aujourd'hui par 193 États, a classé 213 biens naturels et 39 biens à la fois naturels et culturels, sur un total de 1 121 sites répartis sur 167 États. Le Comité du patrimoine mondial, qui opère ce classement, a tenu sa 44e session à Fuzhou en Chine du 16 au 31 juillet 2021. La suivante devait avoir lieu à Kazan en Russie au mois de juin 2022.

Il faut encore citer la délimitation des zones de pêche, à l'intérieur desquelles un niveau de capture maximale des poissons ainsi que des modalités réglementaires de la pêche, comme la taille des filets ou l'établissement de périodes de l'année où elle est permise pour des types de poissons déterminés, ont été arrêtés. Des quotas de pêche ont été fixés, à partir de 1970, dans plusieurs zones des mers de Nouvelle-Zélande et en Europe, ainsi que, vingt ans plus tard, au Canada et en Amérique du Nord. La technique des quotas est devenue une caractéristique de la protection réglementaire de la nature, et a été reprise dans des marchés comme celui des quotas de carbone créé en 2005 au plan européen.

Un nouveau venu dans la famille des réglementations écologiques est la tarification directe de la pollution, imaginée dans le protocole de Kyoto de 1997 à propos du carbone, qui a complété la fiscalité écologique, sanctionnant les producteurs ou les consommateurs polluants. La Banque mondiale et le Fonds monétaire international jugent d'ailleurs aujourd'hui que la taxation du carbone serait une réponse plus efficace à la pollution que le seul engagement des États à limiter leurs émissions de gaz à effet de serre.

Voici l'environnement protégé par une série de mesures cherchant à réglementer l'action des hommes dans les milieux naturels où ils évoluent. Ces mesures, qui ont ajouté à l'ordre préexistant de la nature un nouvel ordre décidé par l'homme selon une multitude de contraintes et d'usages identifiés par lui, n'ont pourtant corrigé que très superficiellement l'action humaine. On a voulu faire prendre conscience à l'homme que la biodiversité, l'environnement, la terre et les océans, tous les écosystèmes autour de lui, avaient une valeur pour laquelle il devait payer comme on s'acquitte d'une amende quand on a commis un délit. L'écologie ainsi programmée réglementairement était une « écologie technocratisée », par « une prise en compte qui traite les symptômes et pas la maladie, qui gère la perception des risques et non les risques eux-mêmes », ou un « écologisme superficiel », pour reprendre les mots de Fabrice Flipo[1].

Outre qu'elles ont finalement échoué puisque la pollution reste, ainsi que les mentalités qui y sont associées, l'écologie politique et l'écologie réglementaire ne sont pas parvenues à créer une nouvelle voie économique. C'est que le combat pour l'écologie doit dépasser le stade de la critique du progrès et de l'accumulation des règles pour se transformer en système de vie retrouvé. Il ne peut pas réussir, ni peut-être surtout se penser, en dehors de l'objectif de se rapprocher du système lui-même de la vie de la nature. L'ultime et sans doute plus grand défi des nations dans le monde qui vient sera ainsi celui du comportement de l'homme, outre, bien sûr, celui du nombre.

La démographie que voulait ignorer la mondialisation

La démographie dicte l'emprise que l'homme étend sur la nature. Elle est la première cause de la production d'énergie à travers l'aspiration d'un nombre toujours plus important d'hommes aux avantages que celle-ci procure. La bataille que se livrent les nations pour s'assurer la maîtrise de leur approvisionnement en denrées alimentaires est dictée par les besoins de leur population, et plus ceux-ci augmentent, plus leur volonté de conquête se durcit. Le seul fait de l'augmentation du nombre d'individus sur un territoire pèse sur son équilibre écologique.

La démographie est la question que l'on a cependant voulu taire dans le cycle de la mondialisation. C'était la pièce manquante. L'ignorance était à double sens : si les écologistes n'ont pas prêté attention à la question démographique, les démographes n'ont pas non plus étudié la question environnementale. L'homme ne peut pourtant plus sérieusement envisager un avenir de la planète sans juger de la taille de sa population.

L'origine du refus de la démographie est ancienne. Affirmer que la population peut être un facteur de destruction de la planète est tabou. L'homme a une nature sacrée, et nulle action coercitive ne saurait venir entraver sa volonté de puissance. Les religions ont été les premières complices de cette idée en n'admettant pas que l'homme puisse venir limiter l'œuvre de la création. Un tel préjugé s'est trouvé renforcé, à la suite des politiques d'eugénisme mêlées au funeste déterminisme génétique, avec l'interdiction morale d'aborder directement la question de la natalité dans le débat politique.

Les atteintes à l'écologie du monde ont cependant bien des origines démographiques. Il faut les regarder en face. La misère des hommes en surnombre dans les villes et leur abandon dans les campagnes qui se vident le démontrent chaque jour.

Les villes modernes, concentrées et tentaculaires, ont sur le comportement de l'homme des conséquences qui rejaillissent sur son rapport à la nature. Une forte densité géographique crée chez lui des dérèglements qui le détournent de la connaissance et du respect de son environnement. C'est que les lieux de croissance démographique incontrôlée privent les hommes de l'espace qui leur permet de garder une relation de qualité avec la nature. On ne peut se montrer sage vis-à-vis de son environnement que si l'on y trouve sa place. Le surnombre crée l'agressivité, de même que l'aspiration de toutes les espèces à détenir un espace vital les pousse à adopter des comportements de violence les unes envers les autres. L'homme enserré dans un milieu hostile est celui qui se rapproche le plus dans ses instincts de l'animal aux abois. Son comportement se traduit par une négligence, du laisser-aller, un mépris à l'égard du cadre de la nature.

Les campagnes modernes souffrent de l'usage que l'on fait de leur sol et peinent à empêcher l'accroissement chronique de la faim dans le monde. Elles subissent une profonde destruction du fait de l'agriculture dite intensive née il y a un demi-siècle. « Géant aux pieds d'argile », selon Jacques Caplat, ce mode d'exploitation se réduit à la production de cultures pures dans des sols homogénéisés, qui sépare rigoureusement les végétaux de l'élevage, abat les arbres jugés comme des obstacles à la linéarité des grandes plaines à semence unique, et fragilise la terre ou la rend plus sensible aux maladies par la perte de l'équilibre de son écosystème[2]. L'agriculture intensive repose de plus en plus sur l'utilisation des engrais et des pesticides chimiques issus de processus industriels à forte consommation d'énergie, outre qu'elle sert directement à produire des biocarburants, détournant les matières premières agricoles de leur finalité alimentaire. Le bioéthanol est ainsi produit à partir de la transformation de végétaux tels que la betterave et la canne à sucre.

Cette agriculture a révélé une grande fragilité agronomique, bien qu'elle crée l'illusion de la réponse agricole au problème alimentaire mondial. Le progrès technique, le développement de la productivité de la main-d'œuvre et l'apport des engrais chimiques ont élevé le rendement de la terre, mais n'ont pas terrassé le monstre de la famine. « La destruction, chaque année, de dizaines de millions d'hommes, de femmes et d'enfants par la faim constitue le scandale de notre siècle », écrivait Jean Ziegler, qui fut huit ans rapporteur spécial des Nations unies pour le droit à l'alimentation[3].

Enfin, l'importance des courants migratoires dans le monde rend plus éclatante l'importance du facteur démographique. La dépendance de certaines nations en termes de main-d'œuvre et, réciproquement, l'impossibilité pour d'autres d'offrir du travail à toute leur population provoquent des flux de populations entre les différentes nations du monde. L'immigration, qu'elle soit volontaire ou subie, qu'elle prenne des formes légales ou clandestines, explique l'explosion démographique citadine du XXIe siècle. Les personnes déplacées de force à la suite de guerres civiles, de crises humanitaires ou de crises écologiques qui surviennent dans leur pays rejoignent aujourd'hui les nations riches. Le Haut Commissariat des Nations unies pour les réfugiés dénombrait plus de 80 millions de personnes chassées de leur foyer en juin 2021.

L'immigration est « un des enjeux fondamentaux que je situerais presque au même niveau que la protection de la planète », confessait au soir de sa vie Stéphane Hessel[4]. Nul autre autant que lui n'avait combattu pour un monde ouvert ni aspiré à l'avènement d'une communauté internationale. Mais, loin des partis pris abstraits, il demandait une réflexion attentive sur le sujet, et dans celle-ci entrait la question du retour des peuples dans leur nation d'origine. Les populations ne pouvaient pas se déplacer impunément à travers le monde. Au lieu de quoi, les années de la mondialisation ont été celles d'un brassage des populations sans souci du déracinement des hommes qui en résultait.

Le refus de prendre en compte la démographie aura été une vraie fuite en avant de la mondialisation. La population totale de la planète pèse comme une seule masse sur une nature elle-même unique, outre le fait que l'intégration de toutes les économies dans un même système d'échanges a généré des flux de population qui ont rendu le lien entre démographie et écologie universel.

De ce point de vue, la querelle, née dans la première du XXe siècle parmi les démographes sur la question de savoir s'il existe une population mondiale ou si la population existe dans des continents séparés et ne saurait faire l'objet d'un calcul global, thèse que soutenait Alfred Sauvy en parlant de « faux problème de la population mondiale », est dépassée[5]. L'approche globale s'est imposée à juste titre, mais elle est désormais l'affaire de chaque nation.

Une question politique nationale

La taille de la population d'une nation est une question politique. Dans une conférence prononcée à la Liberal Summer School de Cambridge, en août 1925, John Maynard Keynes n'en avait pas jugé autrement en estimant, à propos de l'idée d'un contrôle des naissances, qu'il était du « devoir de l'État de veiller à la taille de la population[6] ». Keynes avait abordé cette question parce qu'il estimait qu'elle était étroitement liée à la résolution des problèmes économiques. En d'autres termes, la démographie d'une nation était un facteur de l'économie politique.

La question fondamentale que pose la croissance de la population au sein d'une nation est bien sûr celle de la proportion des ressources alimentaires à sa taille, mais elle est aussi celle de l'adaptation des services publics à la demande qui en résulte. Les nations savent qu'elles doivent trouver un point d'équilibre entre les moyens des services publics et la population qui les sollicite. Quand ce point d'équilibre est rompu, le lien de société est rompu.

« Plus le taux de croissance de la population s'élève et plus il devient ardu d'éviter le recours au malthusianisme », a écrit Carlo M. Cipolla dans son *Histoire économique de la population mondiale*[7]. À en juger par les moyens que devraient développer les services tant d'autorité que d'éducation, de santé ou encore de transport, pour certaines parties de la population, l'équation maudite du malthusianisme vient en effet se rappeler à l'homme. Le grand nombre fait changer d'échelle l'offre politique. Il faut enfin souligner que ce sont les plus démunis qui sont les premières victimes de la crise de l'encadrement politique des populations au sein des nations.

L'emprise de l'homme sur la régulation des naissances fut toujours précaire. Jean-Claude Chesnais cite les « coutumes diverses, d'origine sociale ou religieuse » qui l'ont consacrée dans la vie des peuples, « allaitement prolongé, séparation de conjoints (pêcheurs, bergers), tabous sexuels, interdiction de remariage des veuves, pratique du coït interrompu, limitation des mariages, etc. »[8]. Avec le temps, ces coutumes ont eu du mal à se maintenir ou ont perdu toute légitimité. Les États se sont pourtant autorisés à intervenir sur le niveau de leur population, avec volontarisme, parce que le facteur démographique était toujours compté comme décisif dans le progrès des nations.

Il y eut d'abord les interventions en faveur d'une plus forte natalité, nées de la peur de la décroissance démographique, qui, avec le vieillissement des dernières classes d'âge, devait poser des problèmes économiques. Le progrès des nations était associé à des politiques natalistes. Ces dernières furent coercitives, avec des mesures comme la répression de l'avortement, en Europe de l'Est au temps de la guerre froide. Elles furent aussi incitatives, telle la politique des allocations familiales apparues dans la période de l'entre-deux-guerres en France, en Allemagne et en Espagne.

Il y eut ensuite les politiques de planning familial visant cette fois à endiguer le péril de l'augmentation de la population. En Chine, les autorités ont instauré la limitation de l'enfant unique par famille, et d'aucuns s'en sont félicités pour y avoir vu la sagesse de la maîtrise de son destin par le pays le plus peuplé du monde. Des politiques équivalentes ont été menées dans d'autres pays comme la Malaisie, la Thaïlande ou plusieurs États de la grande Inde, et ont été doublées par des dispositifs de prévention, telle la multiplication des conseils en faveur de la contraception et la distribution gratuite de préservatifs.

« La lenteur des phénomènes démographiques les charge de conséquences, tout en les dérobant à l'attention des contemporains qui les subissent », écrivait Alfred Sauvy[9]. Cette lenteur impose la fin de tous les préjugés, un débat, la préparation à des décisions agissant sur la démographie des nations. Une politique de la démographie est nécessairement une politique de long terme. Dans les régions du monde les plus exposées, il faut agir maintenant.

Reste le combat pour que les femmes accèdent à un nouveau mode de vie et bénéficient d'une éducation égale à celle des hommes, puisque c'est par l'éducation que les femmes sortent d'une fécondité importante. Cette solution interroge le statut du progrès. Celui-ci a en effet des conséquences sur la natalité. Paul Leroy-Beaulieu l'avait énoncé dans son ouvrage fondateur et précurseur, *La Question de la population*, dès 1913 : « Un premier degré de bien-être, parmi des populations rudes et ayant peu de besoins, tend à développer la prolificité, un degré ultérieur de bien-être, d'instruction et de sentiment démocratique la restreint[10]. »

Face au spectacle déroutant d'une pauvreté qui augmente dans le monde comme la population du monde elle-même, le moyen le plus légitime qui apportera la solution d'un contrôle de la croissance démographique au sein de chaque nation sera l'*éducation*. En poursuivant l'effort de l'alphabétisation, en développant un meilleur partage du travail entre les hommes et les femmes, en promouvant les valeurs liées à l'indépendance de celles-ci, la natalité baissera naturellement. Les démographes observent ainsi une baisse de la fécondité qui serait liée à une augmentation du niveau de l'éducation des femmes et une évolution de leurs modes de vie. En Iran, la fécondité des femmes serait passée de 6,5 enfants par femme en 1985 à 2 enfants en 2010. En Inde, elle resterait de l'ordre de 4,5 enfants dans les États du Nord, mais serait passée en dessous de 3 enfants sur les zones côtières et plus généralement au sud.

Il faut ainsi juger que l'élévation du niveau d'enseignement des femmes est une réponse forte à l'enjeu de la maîtrise de la démographie au sein des nations. L'*éducation des femmes* rend un lointain écho à la contrainte morale chère à Malthus, qui était que l'homme limite la taille de sa famille s'il n'a pas les moyens de la nourrir et reposait par voie de conséquence sur l'*éducation des hommes*. L'économie de la démographie est dans les deux cas liée à un comportement de l'individu[11].

6

Qu'est-ce que la société civile ?

La mondialisation a révélé un nouvel acteur : la société civile. C'est sans doute par cet acteur qu'elle est parvenue le mieux à dépasser le cadre institutionnel des États. La société civile a correspondu en Occident aux mouvements de contestation de la classe politique et, dans les pays du tiers monde, au soulèvement des populations contre les vieux pouvoirs. Des mouvements de la société civile ont également nourri, sous l'égide du Forum social mondial, les manifestations contre le G7. Ils ont utilisé les réseaux sociaux pour une interpellation nouvelle des entreprises sur les grands sujets de la mondialisation, les droits de l'homme, l'écologie et la régulation des géants d'Internet.

La société civile ne saurait se limiter à ces figures de la contestation. Elle désigne aussi et surtout l'économie réelle des nations qui se crée et se renouvelle sans cesse en étant portée par les initiatives des individus, comme l'apparition de la société bourgeoise libérale avait fondé la première économie politique au début du XIXe siècle. La liberté économique est sa seconde création, après la liberté politique, et le prolongement de cette dernière est enfin la société de droit vers laquelle nous allons, que nous traiterons dans le chapitre suivant.

Les mouvements des individus au sein des nations qui ont cherché à exprimer leurs intérêts face aux États, à toutes les formes de pouvoir ainsi qu'à la domination de groupes puissants économiquement à l'échelle mondiale, ont toutefois peiné à donner à la société civile son identité propre. La participation d'hommes et de femmes venant de celle-ci aux élections nationales, comme le développement de la critique des instances du multilatéralisme, dès lors qu'ils visaient l'action du pouvoir dans un État ou le monde, avaient indiscutablement un sens politique. La société civile suit une action politique en cherchant la ou les formes politiques que doit prendre la contestation d'un pouvoir établi pour fonder une nouvelle cité. Cette cité est la cité politique par excellence car, si la société civile s'oppose aux hommes politiques ou à la classe des représentants, elle porte un projet dont la nature politique est incontestable. Pourquoi ce projet ne lui a-t-il donc pas donné une identité plus forte, et surtout rendu son origine[1] ?

L'origine de la cité politique

L'expression de société civile apparaît sous la plume de Cicéron dans son traité politique, *De Republica*, écrit en 54 av. J.-C. Il y emploie en effet l'expression de *civilis societas*, la plus propre à préfigurer la notion.

Avocat et homme politique, Cicéron composa le *De Republica* au soir de sa vie, dans la veine des grands essais politiques grecs. L'ouvrage se présente sous la forme d'un dialogue, comme les textes de Platon. C'est un traité de philosophie politique qui cherche à définir ce que peut être la cité politique. La phrase où il utilise l'expression est : « *lex est civilis societatis vinculum* », que les latinistes ont traduite : « la loi est le lien de la société politique[2] ». Plus loin, dans le même paragraphe, Cicéron pose une question et lui apporte sa réponse : « *Quid est enim civitas nisi juris societas civium ?* », qui sera traduite : « Qu'est-ce donc qu'une cité, sinon une société de citoyens ayant même droit[3] ? »

Civilis societas est *societas civium* : la société politique est la société des citoyens.

Comme l'ont suggéré des commentateurs, l'emploi du terme *societas* aurait pu être une métaphore de la notion de société commerciale élaborée par le droit romain[4]. Cicéron aurait alors imaginé une association des citoyens à la fois autonome comme une société privée, mais contraignante pour ses membres en étant assortie d'obligations. Cette approche juridique du terme serait un legs de Cicéron. La *civilis societas* de Cicéron, en réunissant les citoyens, procède cependant de la conception générale des cités du monde antique.

« Qu'est-ce donc que la cité ? » s'était déjà demandé Aristote[5]. « La cité, c'est une collectivité de citoyens », avait-il répondu, mais encore une collectivité de citoyens « en nombre suffisant pour vivre, en un mot, en autarcie »[6]. La cité était la référence de la démocratie directe où le peuple organisait par lui-même sa vie politique. La nature de l'homme le conduisait à délibérer sur les affaires de la cité qui étaient ses propres affaires. L'homme était un citoyen. Il n'y avait pas d'isolement de celui-ci ou de coupure par rapport au pouvoir qui émanait de sa personne. De la même manière, la cité qu'il formait avec les autres citoyens était une collectivité homogène, à l'intérieur de laquelle il n'y avait pas de groupes humains pouvant se dissocier du corps politique. Quand Cicéron parla de *civilis societas*, il avait donc en tête une société des citoyens dans la filiation toujours honorée par lui des auteurs grecs.

Une seconde fois, l'expression apparaît sous la plume des auteurs du contrat social, les philosophes anglais Thomas Hobbes et John Locke au XVIIe siècle, dont Jean-Jacques Rousseau reprendra la démonstration au siècle suivant. Il ne s'agit plus de définir la constitution d'une cité s'organisant dans un cadre territorial donné, mais l'accord symbolique par lequel les hommes passaient d'un état de nature, censé être le régime de la justice privée et de l'arbitraire, à un état de société, gouverné par un pouvoir politique qui devait gérer la cité et régler les conflits entre les hommes. John Locke emploie l'expression : « *political or civil society* », ou « société politique ou civile », dans sa présentation du contrat social : « Toutes les fois que des hommes [...] s'unissent en une même société, si bien que chacun renonce au pouvoir exécutif qu'il tient du droit naturel et le confie au public, il y a là, et là seulement, une *société politique ou civile*[7]. » Selon lui, « des hommes qui sont dans l'état de nature [...] entrent en société pour faire d'un même peuple un corps politique unique sous un seul gouvernement suprême[8] ».

L'originalité de l'approche tient à l'opposition entre société civile et état de nature. Celle-là n'est pas seulement la réunion d'hommes partageant un intérêt commun et voulant organiser leur vie publique en fondant des institutions politiques, mais un état de société où les hommes ont renoncé aux prérogatives qu'ils ont héritées de l'état de nature. Le contrat social détache les hommes de l'état de nature en les introduisant dans la société civile. Toujours selon Locke : « Le seul procédé qui permette à qui que ce soit de se dévêtir de sa liberté naturelle et d'*endosser les liens de la société civile*, c'est de passer, avec d'autres hommes, une convention aux termes de laquelle les parties doivent s'assembler et s'unir en une communauté, de manière à vivre ensemble dans le confort, la sécurité et la paix, jouissant en sûreté de leurs biens et mieux protégés contre toute personne qui n'est pas des leurs[9]. »

La société civile devient la société politique en étant liée à un état de société dans lequel les hommes ont décidé d'entrer après avoir délégué leur souveraineté à des institutions chargées des affaires de leur gouvernement. Ceux-ci ne sont plus juges et parties de leurs actes comme dans l'état de nature. Les institutions politiques les protègent de l'insécurité qui régnait dans ce dernier, mais en même temps limitent leur volonté qui ne s'exprime plus de manière subjective. Comme le gouvernement dépasse l'état de nature, il est le remède à toute anarchie.

C'est pourquoi John Locke opposera dans sa démonstration la société civile au gouvernement monarchique : « La monarchie absolue, que certains présentent comme la seule forme de gouvernement du monde, exclut en réalité la société civile et ne saurait constituer à aucun titre une forme de gouvernement civil[10]. » La société civile est incompatible avec le gouvernement d'un seul. Elle présuppose une organisation politique où il y a, contrairement à la présence du roi, conclut Locke, « une autorité reconnue, que tout individu puisse saisir quand il a été lésé, ou quand un litige s'élève, et à laquelle tout membre de la société doit obéir[11] ». Le monarque s'oppose à la société civile, comme l'état de nature est le contraire de l'état de société, parce qu'il « reste dans l'état de nature », ajoute John Locke[12]. Il y a une médiation politique et judiciaire dans la société naissante qui constituera la référence des institutions politiques modernes, les éloignant de tout gouvernement princier et conduisant à la formule du gouvernement représentatif. Les pouvoirs bruts ne correspondent pas à la société civile, seuls ceux fondés sur une délégation de la souveraineté des individus à des institutions organisent une telle société.

De cette théorie, il faut déduire que la société civile n'est pas une société des individus séparée des institutions. Celles-ci ont vocation à accueillir et régir l'action des individus détachés de l'état de nature. Voici un avertissement qui aurait dû alerter les tenants de l'école néolibérale du XXe siècle, dont la volonté sera d'affranchir les individus de toute société voire de nier l'existence même de celle-ci. La société civile forme un corps politique où personne ne peut jouir de ses droits sans s'en remettre au gouvernement objectif des institutions. Elle induit un gouvernement des hommes qui repose sur les institutions que ceux-ci ont choisies. La société civile se confond aussi avec la société politique, comme la cité citoyenne antique englobait la sphère civile des citoyens.

Civil society est identique à *civilis societas*. Fondamentalement, John Locke reprend l'idée de Cicéron et pense le projet politique sans extériorité ou indépendance du corps social. Il poursuit le rêve de l'établissement d'une cité politique idéale, et ne peut donc pas, lui non plus, concevoir un instant l'existence d'une société des hommes coupée du pouvoir de leur cité, une société civile avant l'heure séparée de la cité politique.

Dans le monde antique, comme dans la théorie du contrat social, la société civile n'existe donc pas comme organisation humaine séparée de l'appareil d'État. Sans doute, l'homme grec eut une liberté morale s'il vivait dans une cité homogène voire totale, comme le sujet du contrat social entrait dans le corps politique en conservant une part de sa personne privée en dehors de la vie publique. Dans les deux cas, la société civile n'exclut pas le gouvernement de l'État mais au contraire l'intègre.

Les deux grandes fondations politiques se rejoignent ainsi pour nier cette distinction que l'on allait ensuite chercher à établir entre la société civile et l'État, en séparant les deux mondes, opposant la société civile au pouvoir politique. Le projet politique de l'Occident n'a pas d'abord imaginé une société autonome des individus.

La nouvelle société des individus

La notion de société civile, telle que nous l'entendons aujourd'hui, n'apparaît en vérité qu'au XIXe siècle avec la philosophie politique qui chercha à représenter l'avènement de la nouvelle société des individus par rapport à un État lui-même nouveau. Cette philosophie dite dialectique repose sur une nouvelle opposition des contraires. Celle qui se cristallise n'est plus entre société civile et état de nature, mais entre société civile et État.

Hegel définit la notion en observant la société des individus de son temps s'affirmant devant l'État historique en formation. Il n'aurait d'ailleurs pas découvert la réalité de cette société si les auteurs du libéralisme économique de la fin du XVIIIe siècle n'avaient pas posé les fondements d'une économie politique distincte de l'État. Adam Smith, dans ses *Recherches sur la nature et les causes de la richesse des nations*, publiées en 1776, avait décrit les lois propres à un univers où le travail et la satisfaction de leurs intérêts par les individus concouraient à créer la richesse de la société[13]. Quoiqu'il mentionne la nation, et non la notion de société civile, celle-ci est présente à toutes les pages dans son œuvre. La nation dont il parle est proprement la société des individus qui s'organise par elle-même et porte des intérêts civils et commerciaux distincts de l'intérêt général dont l'État a la charge. L'univers libéral naissant est celui d'un mouvement dans lequel s'inscrit l'avènement d'une vie propre des sociétés. Cet univers désigne la nouvelle vie économique des nations. Ainsi que l'a relevé Pierre Rosanvallon, Hegel est « le premier philosophe à comprendre l'importance de l'économie politique comme science de la société civile[14] ».

C'est dans les *Principes de la philosophie du droit* de Hegel, ouvrage publié en 1820, que l'on trouve l'expression de société civile[15]. L'auteur veut démontrer que celle-ci se constitue à partir d'une activité économique mais également de droits subjectifs des particuliers qui viennent défier le droit public de l'État. La famille a, selon lui, précédé la formation de la société civile, et cette dernière a sa propre vitalité et existe désormais par elle-même. Hegel parle à son sujet d'un « État externe » ou extérieur à l'État politique[16]. La découverte préalable d'une nouvelle histoire des hommes rendue possible par les conquêtes du libéralisme a engendré leur nouvelle société. Marcel Gauchet a ainsi rattaché la naissance de la société civile à celle de l'Histoire ou de la conscience historique à l'instar du même Hegel, en 1807, dans la *Phénoménologie de l'esprit*, où celui-ci relève que « l'orientation historique débouche sur la *découverte de la société,* en tant que creuset de l'historicité[17] ». Gauchet poursuit : la « découverte de la société » est celle d'une « société qui se distingue de l'État comme la source du mouvement se distingue du foyer de l'ordre », et également d'une « société qui non seulement existe avant et indépendamment de l'État, mais exige d'être consacrée dans sa liberté d'invention »[18].

Hegel croyait cependant que l'État moderne devait s'imposer finalement parce qu'il était porteur d'une histoire universelle des peuples, et réprouva la séparation entre l'État et cet univers nouveau de la société libérale. Selon lui, l'État était censé englober tous les éléments du corps politique qu'il régissait. Il s'agissait d'une autorité supérieure, dont procédait la vie de la cité, notamment par ses lois. La société ne pouvait pas lui résister, comme un ordre privé qui ferait penser à l'état de nature décrit par Locke.

Karl Marx reprendra et dépassera à la fois la vision idéaliste de Hegel, en exploitant à sa façon l'antinomie de l'État et de la société civile. Il avait aussi observé, quoiqu'un peu plus tard dans le siècle, l'économie politique anglaise. Dans *L'Idéologie allemande*, publiée au milieu du XIXe siècle, il écrit que « la forme de commerce déterminée à tous les stades historiques par les forces productives disponibles, et les déterminant à leur tour, c'est la *société civile* », et que celle-ci est « le creuset et le théâtre de toute histoire »[19]. L'État est un instrument politique que la société civile peut utiliser ou vouloir renverser tout aussi bien.

Marx verra dans la France à la veille du coup d'État de Louis-Napoléon Bonaparte un pays « où l'État enserre, contrôle, réglemente, surveille et tient sous sa tutelle la société civile, depuis ses manifestations vitales les plus étendues jusqu'à ses mouvements les plus insignifiants, depuis ses modes d'existence les plus généraux jusqu'à la vie privée des individus, où ce corps parasite acquiert du fait de l'extraordinaire centralisation une omniprésence, une omniscience, une mobilité accélérée et une élasticité qui ne trouvent leur analogue que dans la dépendance impuissante et la difformité incohérente du corps social réel », dans lequel « l'Assemblée nationale, en perdant la disposition des postes ministériels, perdait toute influence réelle à moins de simplifier en même temps l'administration publique, de réduire au minimum l'armée des fonctionnaires et de permettre enfin à la société civile et à l'opinion publique de créer leurs propres organes, indépendants du pouvoir gouvernemental »[20].

Analysant les élections anglaises de 1852[21], le même Marx jugera que les Tories « veulent maintenant un pouvoir politique dont la base sociale a cessé d'exister ». « Et comment vont-ils atteindre leur objectif ? » s'interrogeait-il, avant de répondre : « Tout simplement par une *contre-révolution,* c'est-à-dire par une réaction de l'État contre la société. » À propos de la visite de l'Espagne par Louis-Napoléon deux ans plus tard, Marx relevait encore comment ce dernier « éprouva une cruelle surprise en découvrant que si l'État espagnol était mort, la société espagnole, en revanche, débordait de vitalité, et que chacune de ses parties regorgeait de forces de résistance[22] ».

Dans les pages les plus fortes de son analyse des conflits de classes en son temps, Marx journaliste utilise le rapport entre l'État et la société. Il est d'ailleurs frappant qu'il n'emploie pas l'expression de peuple, lui préférant celle de société voire de société civile. Bien sûr, comme il l'écrira par la suite, il faut abolir à la fois l'État et la société civile, résoudre leur contradiction dans une société communiste qui sera elle-même nouvelle ou un avancement de l'histoire des peuples sans État ni société civile. Marx rejoint Hegel dans sa réprobation d'une société civile existant durablement en dehors de la communauté politique créée par l'État, mais le dépasse en dissolvant l'État comme la société civile dans la société communiste finale.

Le rapport entre les deux notions fait naître cette opposition potentielle de la société civile au pouvoir, qui resurgira chaque fois que le pouvoir ne sera plus en phase avec celle-ci ou ne saura plus la représenter. La société civile sera en quelque sorte toujours créatrice d'un ordre social rival de l'ordre politique[23].

On dépassera les catégories de l'analyse marxiste, en retenant l'acception de société civile qu'elle adopte. La société civile est ontologiquement distincte de l'État. Elle correspond à l'avènement d'une classe sociale sûre des droits d'individus libres. Avec le temps cette société civile sera sans doute de moins en moins la société libérale ou la société bourgeoise qui l'avait engendrée, mais sa puissance et son espoir d'autonomie seront repris par tous ceux qui voudront porter les forces instantanées de la démocratie contre tout pouvoir, l'État politique parfois limité par son irréalité historique, le pouvoir formel déjugé.

L'impossible autonomie de la société civile

C'est dans la filiation de la société libérale opposée à l'État moderne que s'est imposée la culture de la société civile dans notre temps. Celle-ci, excluant toujours de son périmètre l'État et ses institutions, a pris le visage du combat des opposants aux régimes communistes d'Europe de l'Est au tournant des années 1980, puis des mouvements de la société civile de nombreux pays du tiers monde dans les années 2010.

Lech Walesa avait conduit les émeutes ouvrières de Poznań puis les grèves de Gdansk, avant de créer, en 1980, le syndicat Solidarnosc qui réunissait la société polonaise contre l'appareil du Parti ouvrier unifié polonais (communiste), à la tête duquel était le général Jaruzelski. Au même moment, Vaclav Havel avait organisé la dissidence de la société tchèque contre les dirigeants communistes de son pays, dont le premier d'entre eux, Gustav Husak. Tous deux allaient illustrer le combat nouveau de la société civile, cette fois mené pour conquérir le pouvoir politique, se rapprocher et exercer les responsabilités à la tête de l'État. En 1989, Havel succédait à Husak à la présidence de la République tchèque. Un an plus tard, Walesa était élu à la présidence de la République polonaise.

Leurs mouvements avaient été préparés par des regroupements de leur société qui ne se reconnaissaient plus dans les élites politiques. Le nom de Solidarnosc l'exprimait très bien par lui-même : de véritables solidarités s'étaient nouées dans une société coupée du pouvoir communiste. Ces solidarités s'étaient d'abord pensées comme vivant dans une société non politique avant de conquérir le pouvoir politique. Les sociétés polonaise et tchèque s'étaient progressivement exclues de la représentation politique de leur pays, mais étaient devenues ainsi, sans le savoir peut-être, éminemment politiques. Voici le visage qu'elles allaient donner au combat de la société civile moderne. Elles ouvriraient la voie à la révolte des autres sociétés civiles d'Europe centrale et orientale et, trente ans plus tard, des sociétés civiles arabes.

Les manifestations de foule qui sont intervenues depuis ce jour de janvier 2011 sur la place Tahrir, au centre du Caire, en Égypte, comme peu de temps auparavant en Tunisie puis, durant les mois suivants, en Libye, en Syrie, en Mauritanie, à Bahreïn, au Yémen, au Koweït, au Soudan, ainsi que dans d'autres pays, d'ailleurs, comme la Turquie, la Thaïlande, le Brésil et l'Inde, ont donné un nouveau relief à la recherche d'une alternative aux pouvoirs en place. Ces manifestations, d'intensité et aux résultats variés, ont tenté de suivre l'exemple de leurs aînées, qui étaient parvenues à faire chuter les vieux pouvoirs communistes.

Il faut ainsi relever que les mêmes sortes de révoltes de la société civile sont nées, des grèves sur les chantiers de Gdansk aux manifestations de la place Tahrir, contre une même sorte de pouvoir : État communiste, État autoritaire ou dictatorial, voyant filer comme du sable entre ses mains l'essence du politique qui est de fédérer les ensembles humains. La formation d'une communauté par l'action des sociétés civiles était proprement agrégative d'un ensemble humain comme le veut le politique. Les sociétés civiles polonaise et tchèque, auxquelles répondraient celles d'Égypte et d'autres pays trente ans plus tard, sont parties d'un état non politique pour résister à l'État politique plein de violence qui se dressait devant elles et les opprimait, puis sont parvenues à dessiner cet agrégat qui leur a permis de définir les contours de la nouvelle cité politique. Cette métamorphose est la dimension moderne qu'a acquise la notion de société civile. Elle n'est plus la société qui cherche à se séparer du pouvoir, mais celle qui veut en exercer la responsabilité.

Mue par un désir d'autonomie toujours plus grand, la société civile a en outre cherché à prendre ses distances avec les milieux d'affaires, qui constituaient l'autre forme de pouvoir à combattre. C'est ce qu'ont montré les révoltes contre les grandes entreprises et les gouvernements qui, en cheville avec elles, ont imposé des mesures d'austérité aux peuples au lendemain de la crise financière de 2008 née de la faillite de la banque d'affaires américaine Lehman Brothers, de même que les mouvements d'opposition à la mondialisation et à ses instances de concertation comme le G7, l'Organisation mondiale du commerce et le Forum économique mondial, qui devaient déboucher sur la création du Forum social mondial à Porto Alegre en janvier 2001.

Toutes ces actions dessinaient les contours d'une existence propre des sociétés indépendamment de toute gouvernance mondiale. On ne parlait plus de relève au sein des nations, mais de substitution d'un monde à un autre. Des forums, des meetings, des marches, des livres, en réel ou sur Internet, exprimaient un *Non possumus* collectif à l'ordre du monde dicté par la loi du marché. Le paradoxe était que, alors que la société civile était advenue dans le cadre de la mondialisation, qui avait lancé le mouvement d'émancipation des individus, elle se retournait désormais contre cette même mondialisation ayant à son tour enfanté un pouvoir dominant.

La société civile a alors pris la forme de ce que l'on a nommé le tiers secteur, un secteur de la société toujours distinct de l'État mais aussi des milieux d'affaires. C'était d'une certaine manière le retour à la première économie politique moderne analysée par Adam Smith. La société civile comprend des entrepreneurs dynamiques qui agissent en dehors ou à côté des cadres établis par les pouvoirs, mais échappent également aux grandes entreprises. Ces entrepreneurs ne sont pas seulement économiques, mais sociaux, éducatifs et encore culturels.

John Rawls a parlé, dans *Libéralisme politique*, d'une « culture dominante » de la société civile, correspondant à « la culture sociale et non pas politique, la culture de la vie quotidienne, de ses nombreuses associations : Églises et universités, sociétés savantes et scientifiques, clubs et équipes, pour n'en nommer que quelques-uns[24] ». Jeremy Rifkin a défini la société civile comme « le lieu où les humains créent du capital social », la décrivant « constituée d'un large éventail d'intérêts – les organisations religieuses et culturelles, l'éducation, la recherche, la santé, les services sociaux, les sports, les associations de protection de l'environnement, les activités de loisirs et de multiples associations de soutien dont l'objectif est de créer du lien social »[25].

Cette culture de la société civile s'oppose à la culture de la société politique. Elle a ses schémas d'action et de réflexion, ses repères et ses buts. La société civile aspire enfin à devenir une vraie communauté autonome. La *Big Society* inventée par Phillip Blond, fondateur du Think Tank ResPublica et auteur de *Red Tory : How the Left and Right Have Broken Britain and How We Can Fix It*, en est l'illustration finale[26]. Le concept vise à recréer une société des individus entre l'État et le marché. Blond l'explique dans ces termes : « Ni l'État ni le marché ne fonctionnent correctement en Grande-Bretagne. Le premier était censé créer les conditions de la réussite pour ceux qui sont en bas de l'échelle, mais a fait l'inverse en piégeant les plus pauvres dans la dépendance. Quant au second, censé distribuer la richesse, il a été capturé par des monopoles et a progressivement "décapitalisé" les plus pauvres[27]. » Sa proposition : redistribuer des actifs immatériels, tels l'éducation, la culture et le moyen d'accéder à des réseaux, ainsi que des revenus, bien sûr. Une telle démonstration est une dénonciation de la culture politique des néolibéraux qui voulaient affranchir le rôle des individus de toute société des hommes, comme Margaret Thatcher avait dit, en 1987, que celle-ci n'existe pas et qu'il n'y a que des individus[28]. Elle reconstruit une société anéantie par l'individualisme. La société civile définit ses propres institutions, et l'activité des individus qu'elle regroupe la constitue seulement.

Jusqu'où peut aller la quête de cette autonomie ? Plus loin que l'indépendance politique recherchée par les libéraux au début du XIXe siècle en incarnant une société démocratique spontanée ? Plus loin encore que l'économie bourgeoise d'Adam Smith en portant l'économie libérale du monde ? Cette quête trouve cependant ses limites dans le monde même qui l'a engendrée.

La société civile ne peut pas tout d'abord *exister sans l'État*. C'est l'État ou le développement politique moderne qui en a permis historiquement l'apparition, ou c'est du moins un stade avancé de ce dernier qui l'a fait naître. Une société civile n'aurait pas vu le jour dans une organisation politique inachevée. Elle est redevable de la maturité apportée par le développement politique, qu'elle recherchera sans doute toujours. Nous verrons que la société de droit censée lui correspondre dépend également de l'État.

La société civile ne peut pas ensuite *vivre sans le marché*. Elle ne peut pas se détacher du marché mondial et des milieux d'affaires, de l'activité économique que ceux-ci développent au-dessus ou à côté de sa propre économie. Celle-ci ne peut pas être autonome. Les grandes entreprises font travailler les petites, et subventionnent des organisations de la société civile comme les associations et les fondations.

Dans le monde qui se dessine, il faut constater une impossible quête de l'autonomie de la société civile. Quand l'identité des nations se durcit, une société civile sans esprit de nation, hors la nation, ne saurait résister. Elle ne saurait porter la voix des peuples, ni s'y opposer. « La nation, en Europe, est antérieure à la “société commerciale” », relevait François Furet[29]. Le jugement vaut sans doute dans le monde entier, et par « société commerciale » il faut bien sûr entendre « société civile ». Nous avons rappelé la profondeur historique de l'idée de nation. Plus ancienne que la société des individus née au début du XIXe siècle, qui correspond à la société commerciale de Furet, la nation lui est enfin supérieure comme marque de l'identité des peuples. L'évolution historique qui vient tendra bien à confirmer l'impossible détachement de la société civile par rapport à la nation.

La société qui a cherché à s'organiser, comme l'économie politique des temps modernes qui lui a correspondu, n'a pas réussi à gagner une autonomie durable dans le sein des nations. Au contraire, celles-ci, en devenant le corps le plus protecteur des individus, l'ont supplantée et à la fois englobée. La fin de la mondialisation, qui l'avait suscitée, signe-t-elle sa propre fin ?

C'est une autre rupture. Le citoyen du monde est le sujet relatif de l'ordre contingent des nations, et celles-ci lui offrent l'indépendance politique à laquelle il aspire – comme on a dit que la nation est le berceau de la démocratie.

7

Le droit ou la nouvelle identité des nations

Notre société donne une place de choix au droit. Parce qu'ils sont incapables de trouver le règlement de leurs comportements par leur éducation ou leur morale, les hommes recherchent la solution du droit. Le phénomène n'est pas nouveau, car ces derniers se sont de longue date trouvés impuissants à résoudre leurs conflits autrement que devant les tribunaux.

La place qu'occupe aujourd'hui le droit est cependant nouvelle. Elle est générale dans le monde, ou s'étend à des pays de cultures différentes. Le droit a accompagné la mondialisation, et en fut le vecteur ou la force entrante dans toutes les nations.

Sa singularité fut d'être associé, d'une part, à des droits universels et, d'autre part, à l'expression de leurs intérêts par les individus. Ce furent deux mouvements qui dirigèrent ensemble la consécration du droit : l'*universalisation de droits fondamentaux* par la reprise des grandes déclarations de droits occidentales, et l'*utilisation des règles de droit* par les individus pour la défense de leur situation. Il n'y a pas eu de contradiction entre ces deux mouvements. Ceux-ci se sont enchaînés, au contraire, puisque les individus invoquaient les droits fondamentaux pour défendre leurs intérêts privés.

Cette absence de contradiction, cet enchaînement réel, la tension qui en a résulté tendirent d'ailleurs à vider peu à peu de leur substance les droits fondamentaux pour réduire la société de droit à une société d'intérêts. C'est le passage qui s'est effectué, au cours des trente dernières années, de l'apogée des déclarations universelles à la défense des droits individuels.

La question qui se pose aujourd'hui est de savoir si la société de droit peut renverser le pouvoir des États dans une sorte de nouveau souffle de la société civile qui serait parvenue à se suffire à elle-même. La société civile n'aurait-elle pas trouvé son autonomie à travers la société de droit ? Il faut plutôt juger que le droit continue d'appartenir à l'État, et délivre une identité nouvelle à la nation contre tout ordre juridique mondial.

L'universalisation des droits fondamentaux ou le premier âge de la mondialisation juridique

Une culture juridique internationale avait précédé la mondialisation du droit. Elle s'était répandue en Europe avec la diffusion du droit romain. Son origine remonte à l'important travail codificateur de l'empereur Justinien qui, au VIe siècle de notre ère, classa le corpus juridique en quatre volets : le Digeste, le Code, les Novelles et les Institutes. Quand, dix siècles plus tard, on redécouvrit ces textes, les principes et les règles du droit romain devinrent une référence en Europe dans l'enseignement du droit. « La formation d'un *ius commune* au Moyen Âge résulte de la découverte et de l'étude en Occident des imposantes compilations juridiques que l'empereur byzantin Justinien avait promulguées autour des années 530 », a relevé Jacques Krynen[1].

On étudia le corpus juridique romain dans les facultés en Italie du Nord, en Catalogne et en Castille, dans l'Empire germanique et en France, et on l'adopta. L'étude étendait son influence, l'adoption l'incorporait dans les cités et les jeunes nations européennes. « Au bout du compte, à la fin du XVIIIe siècle, le droit romain avait autant pénétré les États protestants du nord de l'Europe que, précédemment, ceux de l'Europe catholique », toujours selon Krynen[2].

Le droit romain dut bien sûr cohabiter avec le droit coutumier, particulièrement dominant en France au sud de la Loire, et la *common law*, système juridique anglais procédant du contentieux et se défiant par principe de la codification qu'avait incarnée le travail de Justinien. À la veille de l'œuvre codificatrice française qui interviendra avec la promulgation du Code civil en 1804, il avait cependant gagné les esprits et la pratique du plus grand nombre de pays européens. Il était une source commune, qui préparait une première science juridique internationale.

Les pétitions en faveur des libertés individuelles allaient donner une base résolument universelle au droit, en même temps qu'elles s'attacheraient à la fondation d'un ordre politique nouveau. Tel fut le cas du *Bill of Rights*, ou Loi pour la déclaration des droits et libertés du sujet et pour le règlement de la succession à la Couronne britannique, adopté le 13 février 1689 par la Chambre des communes et la Chambre des lords. Au moment où était prononcée l'abdication de Jacques II, les parlementaires anglais avaient voulu limiter les prérogatives de Guillaume III, *stathouder* des Pays-Bas, son successeur. Le texte qu'ils avaient adopté proclamait des droits qui devaient bénéficier aux sujets du royaume, tels que la liberté des élections, la liberté de parole au Parlement ou encore le vote annuel de l'impôt par ce dernier. Ces droits dépassaient la résistance au monarque pour établir la première référence des libertés modernes.

Le *Bill of Rights* fut suivi un siècle plus tard de la Déclaration d'indépendance américaine. Les représentants des treize colonies fondatrices des États-Unis s'étaient réunis et avaient adopté dans la forme d'un Congrès, le 4 juillet 1776, un préambule à la Déclaration qui portait à son tour sur des droits fondamentaux, moins pratiques ou concrets que ceux des Anglais puisqu'il en appelait à Dieu, mais non moins décisifs, comme le rappel du principe représentatif.

Il y a, enfin, la Déclaration des droits de l'homme et du citoyen des 20-26 août 1789, texte plus complet dans le rappel des droits individuels et des libertés publiques que les textes anglais et américain, mais surtout plus universel par son affirmation de droits inscrits dans la nature de l'homme. Son article 2 énonce : « Le but de toute association politique est la conservation des droits naturels et imprescriptibles de l'homme. » C'était une souveraineté mise à la disposition de l'humanité entière. Les droits de l'homme formaient le nouveau droit naturel. C'était aussi une nature de l'homme, qui était découverte et affirmée, *déclarée* au frontispice du contrat social. Le droit positif devrait être toujours conforme à ce droit naturel, qui devenait ainsi « l'horizon de la légitimité de tout droit à venir », comme l'a bien dit Stéphane Rials[3].

La Déclaration de 1789 a été la source de nombreuses autres déclarations de droits, à commencer par la Déclaration universelle des droits de l'homme adoptée le 10 décembre 1948 par l'Assemblée générale des Nations unies, et la Convention européenne de sauvegarde des droits de l'homme et des libertés fondamentales établie le 4 novembre 1950 par le Conseil de l'Europe. Mais, surtout, elle allait créer le modèle d'une déclaration de droits incorporée à la constitution des États.

Ce sera le cas en France avec la constitution de 1791, la première de l'ère révolutionnaire. Lors des débats présidant à sa rédaction, dans une volte-face dont il avait le secret car il était au départ un constitutionnaliste positiviste qui voulait d'abord régler la constitution du pouvoir, Mirabeau avait proposé qu'elle en représente le premier chapitre. La Déclaration de 1789 figure à présent dans le préambule de la constitution de la Ve République. Les déclarations de droits seront placées en tête de nombreux textes constitutionnels dans le monde entier.

Ainsi hissées au sommet de la constitution des États, les déclarations sont devenues une source de droit liant les organes du pouvoir. Par exemple, la *séparation des pouvoirs* oblige gouvernements et Parlements à respecter leurs limites constitutionnelles, le principe de *légalité des infractions* interdit tout arbitraire du pouvoir exécutif, le *droit de propriété* limite les décisions de nationalisation auxquelles voudraient procéder les majorités parlementaires.

Mais c'est bien sûr leur source de droits fondamentaux qui a donné une vraie force juridique aux déclarations dans la vie des nations. Les personnes physiques et morales, de la préoccupation la plus simple touchant à la famille ou à la propriété privée jusqu'à la volonté d'une entreprise de conquérir un marché en s'appuyant sur un contrat, ont pris pour référence les droits fondamentaux issus des déclarations. Elles ont utilisé ces droits comme des garanties. Ainsi que l'a écrit Marcel Gauchet :

« Les droits de l'homme étaient extérieurs à l'ordre juridique proprement dit, ils se tenaient dans une sorte de surplomb idéal et non opératoire, ils figuraient un "idéal régulateur" dans les lectures les plus favorables. Ils sont devenus internes à l'ordre juridique en prenant ce nom de "droits fondamentaux"[4]. »

Des droits civils et politiques (égalité politique des citoyens, liberté de la parole et de la presse, respect des opinions et des croyances), en même temps qu'économiques et sociaux (droit au travail, liberté syndicale, droit de grève), auxquels sont venus s'ajouter des droits répondant à la crise écologique (droit de vivre dans un environnement équilibré et respectueux de la santé, application du principe de précaution pour l'évaluation de risques environnementaux, droit d'accéder aux informations relatives à l'environnement), bénéficient aujourd'hui aux individus d'une majorité de nations. Ces droits sont inscrits dans une constitution qui, étant la norme juridique suprême, s'impose à tous. Ils sont constitutionnels.

La mondialisation s'est accompagnée de cette universalisation de droits fondamentaux qui ont supplanté les lois ordinaires émanant des majorités au pouvoir. La diversité des régimes politiques qui les ont intégrés dans le monde entier est édifiante. L'universalisation des droits fondamentaux a représenté le premier âge de la mondialisation juridique.

La défense des intérêts individuels ou le second âge de la mondialisation juridique

Ce « surplomb idéal », pour reprendre les mots de Marcel Gauchet, est descendu dans la société où les individus l'ont utilisé pour défendre leurs intérêts. La société des individus était devenue la société de droit, la société de droit se transforma en une société d'intérêts. Celle-ci représente le second âge de la mondialisation juridique.

La science juridique moderne ignore pourtant la notion d'intérêt. Le droit est le juste, et ne saurait se résumer à un intérêt. Si nul ne se méprend sur l'origine du procès, qui est, par-delà la confrontation de deux personnes, l'opposition entre deux intérêts, le droit est pourtant censé dépasser ceux-ci. Le droit ne peut pas en outre être considéré comme ayant une finalité personnelle, mais bien seulement collective. C'est l'approche, ou la cécité serait-on tenté de dire, qui domine l'enseignement dans les facultés de droit. Ainsi Jacques Krynen, que nous avons cité pour sa remarquable restitution historique de la formation du droit moderne, n'emploie pas une seule fois en près de 400 pages le mot « intérêt ».

Les Anciens avaient imposé cette référence, dont seraient à la fois héritiers et prisonniers les Modernes, d'un droit subordonné à la justice, voire se confondant avec elle. « Dès les premières lignes du Digeste est soulignée la connexion des mots *jus* et *justitia* [...] ; ils sont en effet de la même racine. Dans le grec, c'est encore plus net : on y trouve le mot *to dikaion* qui dans nos traductions françaises se trouve rendu tantôt par "droit", tantôt par "le juste" parce que ces deux notions se réduisent à une seule dans la pensée grecque », avait enseigné Michel Villey[5]. Le droit ne pouvait pas se mêler à une notion aussi matérielle que celle d'intérêt.

L'invitation de celui-ci dans le droit moderne reste rare. Les jurisconsultes établissent un intérêt pour agir des justiciables, qui conditionne la recevabilité de l'action en justice, selon l'adage « pas d'intérêt, pas d'action[6] ». Toute demande d'annulation d'un acte administratif ou de réparation d'un préjudice est irrecevable de la part de qui ne justifie pas d'un intérêt personnel. Par ailleurs, le juge administratif examine si les atteintes portées à la propriété et les inconvénients sociaux d'une décision de l'administration ne sont pas excessifs en regard des avantages que la collectivité peut en retirer. C'est la théorie du bilan coûts-avantages définie par une jurisprudence du Conseil d'État qu'André de Laubadère avait appelée la « balance des intérêts[7] ».

L'intérêt ne peut cependant pas se limiter à ces catégories contentieuses. Il fonde l'articulation du droit moderne. Celui qui agit en droit exprime d'abord un intérêt. Il affirme ce dernier dans sa société à travers la défense de ses droits devant un tribunal. C'est au reste l'origine des droits subjectifs définis aux XIIIe et XIVe siècles par les philosophes britanniques franciscains Duns Scot et Guillaume d'Occam, opposant à l'ordre politique classique une conception du droit déjà attachée à la nature de l'homme. L'État de droit moderne a toutefois limité l'ambition des droits subjectifs. Hans Kelsen considérait que « le droit subjectif ne peut pas être un intérêt » mais « la protection [d'un] intérêt résultant du droit objectif »[8].

La poursuite de leurs intérêts par les individus renforce et dépasse à la fois les droits subjectifs que l'on voulut subordonner au droit objectif. Elle inscrit l'individu dans un ordre de la cité qui relève davantage de l'échange marchand que du pacte social. Le droit est le fondement de ce qui protège et fait avancer chaque individu, une justification de sa volonté à partir de l'intérêt. De là suit une conséquence institutionnelle importante : les droits fondamentaux deviennent des garanties que les individus utilisent pour la défense de leurs intérêts et dont ils demandent qu'ils soient reconnus par les tribunaux. C'est toute une société qui se cale sur l'argument de l'intérêt, et s'en va devant le juge pour faire admettre celui-ci.

Le développement d'une profession, celle de l'avocat, en rend compte. C'est la profession nécessaire à qui veut agir, dont la nécessité augmentera d'ailleurs certainement au fur et à mesure que les liens de la vie politique, économique et sociale se distendront. L'avocat, comme conseil de son client ou plaidant dans une affaire, devient le prolongement indispensable du statut moderne de l'individu. La société de droit a engendré la société des avocats.

La consécration de cette profession crée aussi un régime juridique en perpétuelle évolution. Si les déclarations de droits ont paru fixer le droit, car nul n'osa plus y toucher ou seulement à la marge, l'argumentation juridique de chaque individu dans la vie de tous les jours et les procès qui en découlent changent le droit. La société de droit repose alors sur l'aller-retour entre les déclarations proclamant les droits fondamentaux et l'expression de leurs intérêts par les individus. L'avocat plaidant son affaire utilise ou a toujours à l'esprit les droits fondamentaux, mais peut être aussi à l'origine d'un jugement inédit, le fameux précédent de la *common law* opposé à la règle intangible du Code civil, la jurisprudence qui rendra impérieuse sa consultation future dans une affaire similaire et aura entre-temps modifié l'ordonnancement juridique.

La société de droit est ainsi déchirée entre conservatisme et novation. On dit souvent que les professions juridiques sont conservatrices parce qu'elles puisent leurs règles corporatives dans une tradition, outre qu'elles travaillent à partir d'un cadre normatif préétabli et des précédents judiciaires ; elles sont en vérité novatrices, car à chaque situation un développement juridique propre est retenu, qui peut être à l'origine d'une solution de droit nouvelle.

La société de droit repose au total sur un droit variable et surtout empirique, dont une traduction supplémentaire se trouve dans ce que les Anglais nomment la *soft law*, ou « droit souple », qui s'est développée dans l'économie moderne. Celle-ci définit des guides de comportement qui ne sont pas contraignants parce qu'ils ne sont pas prescrits par un organe habilité à produire les règles de droit impératives (gouvernement, Parlement ou tribunaux). Ils sont aussi librement interprétables, et donc plus évolutifs encore que les règles du droit positif.

La *soft law* participe de la *régulation* de la société, à laquelle les économistes contemporains ont voulu réduire la fonction de l'État, comme on l'a vu, avec la création d'agences indépendantes contrôlant les acteurs de l'économie. Les néolibéraux avaient affirmé que le marché produirait son propre ordre, selon l'adage : *le marché dit vrai*. Celui-ci ne trouve son règlement ou son arbitrage que par la rencontre entre deux positions qui sont celles de l'offre et de la demande. L'arbitrage est incomplet. Les autorités de régulation le suppléent par des règles souples et interprétables.

Enfin, la situation offerte par un tel droit, omniprésent voire envahissant, épousant des formes tour à tour contraignantes et non contraignantes, est le produit d'une crise majeure de la loi générale. Celle-ci se dissout dans le nombre de règles qu'elle édicte (une loi par semaine dans un pays comme la France, soit 250 lois par législature de cinq ans), perd sa qualité propre de règle supérieure (la loi entre dans le détail des anciennes réglementations administratives) et n'est la plupart du temps pas appliquée (une loi sur deux demeure sans effet en France, par défaut des actes réglementaires en commandant l'application). La loi du législateur ne parvient plus à régir, dans l'ordre et la tempérance, avec la hauteur de vue qui sied à la souveraineté nationale, les sujets dont le Parlement se saisit. Dans la société de droit, la règle est de moins en moins celle du législateur.

La quête d'autonomie de la société de droit

C'est une grande métamorphose dans le statut du citoyen. Le sujet juridique a doublé l'individu politique. Le droit devient le siège d'une histoire privée des individus devant les tribunaux. La société civile qui voulait son autonomie ne l'aurait-elle pas alors trouvée dans le droit ? Elle qui s'érigeait avec peine contre l'État ne triompherait-elle pas de ce dernier par la société de droit ? Le droit ne serait-il pas l'accomplissement de ses combats et la possibilité de son expression ?

Ceux qui l'ont cru dans le mouvement de la mondialisation ont avancé un argument : le troisième pouvoir (judiciaire), longtemps tenu à l'écart des deux premiers (exécutif et législatif), aurait pris la place de ceux-ci comme pouvoir dominant. Citons à nouveau Marcel Gauchet : « Il y a eu un âge du pouvoir législatif, où celui-ci faisait figure de pouvoir par excellence dans le mécanisme démocratique. Il y a eu ensuite un âge du pouvoir exécutif où ce dernier semblait concentrer la tâche déterminante du pouvoir démocratique. Tout donne à penser qu'il s'est produit un nouveau déplacement du modèle, qui tend à faire du pouvoir judiciaire l'étalon de ce qui est attendu du pouvoir en démocratic[9]. »

Le troisième pouvoir serait devenu le siège de l'autorité au temps de la mondialisation et de la société civile qui en son sein rêvait de devenir indépendante. Le pouvoir exécutif était bien en effet le lieu d'une autorité dépassée au temps d'un monde se passant des États, le pouvoir législatif, celui d'une autorité vouée à édicter des règles limitées par rapport à la dynamique du droit jurisprudentiel. Le pouvoir judiciaire était le seul à même d'incarner la nouvelle société de droit[10].

Il faut cependant juger illusoire l'annonce d'une société de droit qui serait autonome et voudrait régler par elle-même l'ordre des nations. La marche nouvelle du monde la dément tous les jours.

C'est d'abord l'indépendance de la justice qui connaît ses limites, la première étant, comme on l'a vu, la conduite de la politique judiciaire par l'État. Celle-ci s'exprime dans un pays comme le nôtre par les réquisitions du Parquet que l'on sait dépendre du garde des Sceaux, représentant du gouvernement, au procès pénal. Aucun État n'est d'ailleurs parvenu à renoncer à cette conduite de la politique judiciaire, qui a entraîné la distinction de deux corps de magistrats, ceux du siège, qui jugent, et ceux du parquet, qui requièrent. Il n'y a pas, au sein même de l'institution judiciaire, d'exclusion des ordres et donc du pouvoir de l'État.

Une autre limite est que la justice n'est pas et ne sera jamais statutairement un pouvoir initial. Les jugements que rendent les magistrats appliquent les lois et viennent donc après celles-ci. La justice n'est pas ainsi l'instance d'action qu'appellent les nations. Celle-ci réside dans le pouvoir exécutif, plus juste incarnation de l'identité et des intérêts de la nation, qui revient à ce titre au premier plan à la fin du cycle de la mondialisation. Sa volonté dicte le programme juridique des nations. Il détermine en outre le travail du pouvoir législatif. Il réendosse la première légitimité. Ce ne sont pas les présidents des Parlements ou ceux des juridictions qu'on entend s'exprimer au nom des nations sur la scène internationale, mais bien les chefs d'État. Ceux-ci sont les seuls légitimes. Le retour des États, engendré par l'urgence de la défense des nations, met à mal l'autonomie de cette société de droit où le troisième pouvoir serait devenu le premier. C'est bien l'État qui crée les règles de droit et, à travers elles, le pouvoir exécutif.

Dans le désordre du monde, le droit a, enfin et surtout, vocation de redonner un ordre et des repères à la vie de la cité, nullement de se limiter à arbitrer les différends entre les individus. Il a aujourd'hui retrouvé cette fonction et cette finalité. Les nations veulent se réapproprier le droit ou leur droit qui doit redevenir un ordre de la conduite humaine en leur sein.

Les juristes ont toujours affirmé que le droit suivait le fait. L'évolution de la législation épousait celle des mœurs de la société. Le juge peut aussi adopter une solution de droit qui tient compte de l'avancée des idées au sein de la société. Il faut alors reconnaître au droit une valeur supplémentaire. Celui-ci *identifie* la société dans laquelle les individus vivent. Il est le signe de reconnaissance d'une société, des libertés que celle-ci défend, du pacte entre les individus. Le droit est le fruit d'une histoire, comme l'État qui le protège et l'engendre, et les individus qui l'utilisent appartiennent bien d'abord à cette histoire qui fait du droit un élément de leur patrimoine. Des droits aussi dissemblables que celui de la famille et le droit fiscal sont particuliers aux nations. La famille, parce qu'elle est un fait de nature doublé de modes culturels, est régie selon des lois propres à la culture de chaque nation. Il y a des familles de différentes cultures propres à des nations, dont rendent compte des droits particuliers. C'est aussi le cas de la fiscalité, apanage de la souveraineté des États.

À rebours du *regime change* qui voulut aligner toutes les nations sur un même régime juridique et un même régime politique à la fois, il faut considérer que chacune d'elles est déterminée historiquement par son propre univers de règles. À travers le droit, c'est donc la formation historique et culturelle d'une nation qui sanctionne le comportement des personnes et des entreprises, jusques et y compris la conduite des gouvernants. L'État de droit est un appendice de l'État-nation. Puisqu'on doit enfin constater qu'aucune régulation mondiale n'est capable de contrer les jeux malfaisants de certains nouveaux monopoles sur les marchés mondiaux, il faut imaginer que seul l'État de droit dans l'État-nation le fera.

La consécration d'une identité nationale du droit n'exclut pas le *jus gentium* ou droit des gens théorisé par Grotius au XVIIe siècle, ce droit qui s'impose à la volonté des nations *usu continuo et testimonio peritorum*, « par un usage continu et le témoignage des gens d'expérience ». Il reste en effet un droit supérieur, anciennement droit des gens, aujourd'hui droit international, qui crée des normes communes à tous les États. Mais l'assimilation ou la mise en œuvre de ces normes doivent rester le fait de chaque État. Celui-ci a une histoire qui le commande dans la société universelle, et cette dernière ne peut pas lui imposer aveuglément ses règles.

Il y a deux systèmes juridiques selon la manière de traiter le rapport entre le droit international et le droit interne : le système moniste, où les deux droits appartiennent à un même ordre juridique, et le système dualiste, qui les sépare et conditionne la prise en compte du droit international par des dispositions expresses du droit interne. Il est frappant de constater que ce sont les pays de l'ancien droit romain, nourris de leur ambition universaliste, qui ont opté pour le système moniste, tandis que les pays de la *common law* veillent à préserver la supériorité de leurs règles nationales.

Les premiers ont à présent un retard à rattraper sur les seconds. Il faut en effet juger que les droits fondamentaux, induits par les déclarations de droits et que les Occidentaux ont généralement voulu opposer au communisme après la Seconde Guerre mondiale, à partir de l'instant où ils ne sont pas assis sur un droit national, peuvent être des instruments entre les mains d'acteurs de la mondialisation qui se jouent des nations. Ils seraient ainsi plus prédateurs que protecteurs. Le système moniste est un élément critique de la mondialisation.

« Ce n'est pas la justice qui a pris indépendance, c'est la règle de droit », avertissait l'avocat et parlementaire Xavier de Roux[11]. L'universalisation de droits fondamentaux, telle qu'elle fut mise en œuvre par des juridictions internationales, a voulu faire de la règle de droit une règle à part entière, se suffisant à elle-même, voire menaçant le législateur national. Le droit n'était plus un dispositif neutre, réglant sans parti pris les conduites humaines. Il prenait parti au contraire. Il s'apparentait à une idéologie. L'exemple de la Cour européenne des droits de l'homme (CEDH), censurant des lois des pays membres de la Convention européenne et affirmant des positions s'opposant aux règles de droit arrêtées par le pouvoir politique national, en fut la traduction éclatante[12].

Le droit appartient bien cependant aux choix propres et à la culture d'un pays. Sans la connaissance de son droit, une société perd une grande partie de son identité. Raison pour laquelle il faut aussi l'apprendre. La connaissance du droit permet d'accéder à la connaissance de la société qu'il sous-tend. On ne peut que s'étonner, de ce point de vue, de l'absence d'enseignement du droit dans nos lycées. En France, par exemple, on a préféré celui de l'économie, et seuls les futurs juristes l'apprennent à l'université. Tous les citoyens devraient avoir une éducation juridique au cœur de leur éducation générale. Il est en tout cas paradoxal que la société de droit ne prépare pas ses citoyens à la connaître.

La question de l'accès au droit devient essentielle. Elle forge la maturité du citoyen et le construit dans sa relation aux autres. De ce point de vue, le Code civil, avec sa vertu organisatrice des règles de droit par sujet – la famille, les biens, les contrats, la responsabilité –, est certainement le plus proche de l'ordre social. Les codifications supplémentaires qui sont intervenues dans des pans entiers du droit

– Code pénal, Code de l'environnement, Code monétaire et financier, Code de l'énergie – servent le même but. Il faut évidemment que le législateur relève le défi de la clarté de la règle au sein de chaque code, pour que celui-ci conserve sa pleine vertu énonciatrice du droit.

Il est en tout cas indiscutable que la *common law* n'offre pas les mêmes qualités ordonnatrices. Il infère la règle de précédents qui ne sont jamais que des règles dégagées de cas particuliers. La *common law* est un droit non politique, dont les règles n'émanent pas d'une volonté politique souveraine, et par ailleurs antidémocratique, car il nécessite le recours onéreux à un professionnel du droit. Elle définit un droit incertain, se privant de repères établis au-dessus des jugements.

La tradition du Code civil appartient au mouvement du retour à la nation. Dans la société de droit, la codification juridique aura une place centrale. Ce seront l'enveloppe de la nation, et sa charte. Il faut imaginer le *code national* de la société de droit.

8

La paix a fait l'Europe, l'Europe appartient à un temps révolu

La mondialisation a été retournée par deux mouvements, le durcissement de l'idée de nation et le renforcement du pouvoir des États, avons-nous relevé. Les liens nouveaux qui seront recherchés entre l'entreprise et la nation dans un commerce international à inventer, l'énergie s'imposant comme un secteur souverain des nations, la démographie devenant une question politique nationale, outre l'impossible autonomie de la société civile et de la société de droit dans le corps renaissant des nations, ont peu à peu révélé les traits du monde nouveau qui se dessine.

L'Europe s'est maintenue à la marge de ces évolutions, en restant attachée au cycle de la mondialisation. Dans le concert des nations, ou dans le système interétatique reprenant ses droits sur la société internationale pour reprendre les mots de Raymond Aron, le Vieux Continent apparaît ainsi anachronique. Il est au carrefour de mouvements du monde qui ne laissent d'atteindre son identité et sa profondeur historique. Seule région au monde à agir de la sorte, l'Europe laisse subsister sur ses terres un modèle au-delà de son temps.

Les Européens – ou les « européistes », qui continuent de croire à la construction européenne selon les traités – défendent mal l'Europe. Ils ont découragé la croyance dans le projet européen. Nul Européen ne peut cependant renoncer à l'Europe. Elle a la taille des puissances entre lesquelles se livre la compétition mondiale. Mais, nécessaire dans son principe, elle est insuffisante dans son organisation. Elle illustre ce moment de déchirement entre la mondialisation et le monde qui vient, mais ne trouve pas la voie qui lui permettrait de le dépasser.

L'Europe ou le cycle sans fin

L'Europe avait défini les grands fondements de la politique moderne avec la cité grecque et la théorie du contrat social, puis inventé l'instrument de l'État-nation à la Renaissance. Elle avait ouvert la voie de l'expansion économique par la valeur de la liberté économique au XIXe siècle, qui lancerait la première mondialisation. Elle avait participé, aux côtés des États-Unis, à l'avènement de la seconde mondialisation. Ses conquêtes de plusieurs siècles participaient de sa foi dans le message à la fois pionnier et universel qu'elle portait.

Toutes les civilisations du monde l'avaient suivie et avaient été fascinées par elle, ses idées et son rayonnement, à commencer par les États-Unis, mais également la Russie et la Chine. Il n'est pas exagéré de dire qu'elle fut longtemps la *réponse* aux questions que se posaient les nations.

L'Europe est devenue un *problème*, en ne parvenant pas à s'organiser politiquement, ni à détacher l'économie, capable de rendre compte du dynamisme de ses hommes, d'un corps de règles de plus en plus contraignantes.

Il n'y a *pas de pouvoir européen*. C'est en Europe que s'est le plus fortement exprimée la négation de l'autorité politique. Tandis que les autres grandes nations reconstituaient leur État régalien à l'intérieur de leurs frontières, l'Europe s'est montrée incapable de définir un pouvoir décisionnel. La chronique de ces Conseils européens successifs, où les chefs d'État et de gouvernement négocient et se déchirent, est malheureusement connue. L'exemple de la position prise par chacun d'eux sur la question des migrants l'a illustré de manière criante. La Commission européenne avait proposé une répartition des arrivants par quotas entre les États, mais le Conseil européen du 25 juin 2015 ne l'avait pas suivie et chaque État avait décidé de les accueillir selon un principe de libre volontariat. La crise de l'accueil des migrants naissait ainsi en Europe, et les dirigeants européens ont oscillé depuis entre message humaniste et politique réaliste.

Il n'y a *pas d'économie européenne*. L'Europe est la région sans croissance. Elle a manqué le rendez-vous des GAFAM, et ses banques se voient dicter leurs règles par leurs grandes sœurs américaines. Elle s'est désindustrialisée ou proprement dévidée, dans un espace de plus en plus étroit où le catéchisme de la libre concurrence a abattu les grands groupes industriels qui, autre part, tirent la croissance des nations. La découverte, durant la crise sanitaire, qu'elle dépendait de l'Asie pour son approvisionnement en médicaments puis, avec la guerre en Ukraine, de la Russie pour son énergie et, indirectement, de bon nombre de ses denrées alimentaires, a soulevé le voile sur le vide de ses structures de production vitale.

Échec d'autant plus surprenant que l'Europe avait misé, depuis le traité de Maastricht du 7 février 1992, sur une union économique plus intégratrice que les communautés des traités de Rome de 1957, qui devait, à partir de la zone euro, homogénéiser l'économie de ses nations et la rendre plus performante. La trajectoire, digne d'un esprit géométrique, ne fut qu'un leurre.

L'Europe a peut-être et en vérité disparu dans la période qui a immédiatement suivi la Seconde Guerre mondiale. Alors reconstruite, elle ne s'est pas reconstituée. La reconstruction, au temps de la guerre froide, tout en préservant la paix sur son sol, en a fait un être historique factice qui devait être bientôt happé par ses libérateurs. On entend souvent dire, en explication de la construction européenne, que celle-ci a eu pour mérite de pacifier le Vieux Continent qui avait vu naître les guerres les plus terribles. Il y a à la base de cette opinion une profonde erreur de perspective : *ce n'est pas l'Europe qui a fait la paix, c'est la paix qui a fait l'Europe*. Et celle-ci est restée prisonnière de la conception pacifiste qui l'a engendrée, une conception a-régalienne et proprement marchande de la vie de ses peuples, presque candide voire incrédule, à laquelle les autres nations du monde n'adhèrent plus aujourd'hui.

Si l'Europe est devenue un problème, elle l'est d'abord pour elle-même. Les Européens perdent prise sur l'évolution du monde, ou n'appartiennent plus réellement à l'univers que forgent les grands États autour d'elle. L'Europe n'est d'ailleurs plus bénéficiaire des échanges de la mondialisation, et en devient même la proie, si ce n'est la principale victime. De grandes créations continuent de germer en elle, mais leurs fruits ne lui sont plus destinés ; de nombreuses expériences y sont toujours menées, sans qu'on lui en reconnaisse la dette ; les mouvements contemporains de l'immigration ne l'enrichissent plus, leur ampleur constitue même désormais une menace pour elle. À l'heure d'un antagonisme fort reconstitué entre les États-Unis et la Russie, dans les nombreux conflits du monde où ces derniers s'affrontent, l'Europe se révèle en outre impuissante à faire entendre sa voix.

L'Europe représente aussi un problème pour le monde. Alors que toutes les régions du monde traitent de leurs relations par des échanges bilatéraux, son absence de pouvoir organisé prive la société internationale d'un partenaire avec lequel se gagnerait la paix. L'Europe reste attachée au multilatéralisme et ne comprend pas la méthode des autres États qui recherchent, quant à eux, le bilatéralisme et son appendice de réciprocité dans les échanges commerciaux internationaux. Le rêve, à présent uniquement européen, d'une communauté universelle avec une gouvernance mondiale au-dessus des nations signe l'histoire du décalage fatal de l'Europe.

De ce point de vue, l'une de ses profondes erreurs est sans doute de ne pas reconnaître, revendiquer et assumer son identité. L'Europe est la seule région du monde qui se construit sur des valeurs neutres ou indistinctes. L'article 2 du traité sur l'Union européenne, qui fait office de déclaration des droits, cite les « valeurs de respect de la dignité humaine, de liberté, de démocratie, d'égalité, de l'État de droit, ainsi que de respect des droits de l'homme, y compris des droits des personnes appartenant à des minorités ». L'Europe voudrait-elle dire qu'elle est à l'origine de valeurs partagées par le monde entier ? Leur énoncé au frontispice constitutionnel peine à marquer sa spécificité. Lors des débats de la Convention sur l'avenir de l'Europe qu'il présidait en 2004, Valéry Giscard d'Estaing avait proposé que soit inscrite la référence aux « racines chrétiennes » de l'Europe à la tête du projet de constitution européenne, mais sa proposition avait été rejetée. C'était pourtant un élément identitaire à la fois indiscutable et fort, nullement discriminatoire. Il s'agissait de rapporter un fait historique[1].

Comme elle a cru à la fin de l'Histoire, l'Europe s'est projetée dans une sortie de la religion. La laïcité qu'elle a choisie comme valeur refuge était une barrière fragile. La laïcité a d'une certaine manière désarmé l'Europe. Le communautarisme islamique, comme on le verra, l'exploite à son profit. L'Europe n'a pas d'appuis solides pour résister à une pression religieuse qui nie sa propre culture, et l'identité chrétienne ne fait pas jeu égal avec l'identité islamique. Cette faiblesse pèse encore une fois sur l'équilibre du monde.

Il n'est en tout cas pas possible de construire durablement un édifice politique sans identité. L'URSS avait voulu bâtir une union des nationalités en reprenant les frontières de l'Empire russe et en étendant son glacis dans de nombreux États d'Europe centrale et orientale. Comme on le sait, ce fut au détriment de l'identité de ces pays, et le fédéralisme soviétique n'est jamais parvenu à triompher du particularisme des peuples qu'il voulait rassembler. Quand le noyau central de l'entreprise s'est dissous, ces derniers ont retrouvé naturellement leur expression. Les identités nationales antérieures à l'œuvre brutale ont pris le chemin du renouveau. L'adhésion des Européens de l'Est à l'Union européenne telle qu'elle se proposait à eux à la fin de l'Union soviétique fut celle d'États-nations rêvant de rejoindre, comme l'a encore si bien écrit Timothy Snyder, ce « bond auquel la culture européenne commune avait fourni la foi[2] ». L'exemple des autres pays de l'URSS qui n'avaient pas d'indépendance initiale à reconquérir, mais sont nés seulement après la chute du mur de Berlin, comme l'Ukraine, montre également la force du sentiment national.

Un État n'a d'autorité sur une population dans un territoire donné que s'il se saisit d'une identité à la tête de celle-ci. Nul ne dirige abstraitement un peuple. Tout État gagne sa légitimité en s'accordant avec sa population par une identité. Dans la lutte des puissances en cours, c'est la seule vérité. Les États-Unis, la Chine et la Russie entretiennent leur histoire et inscrivent leur vision de l'avenir dans ce sens. L'Europe devait comprendre ce fondement et l'intégrer à son projet.

Comment le continent ou la somme des cultures qui l'a formé pouvait-il se montrer aussi vain à relever le défi de l'identité ? Comment l'Europe qui a lancé les grandes découvertes fut-elle à ce point incapable d'épouser celle de son temps ? La responsabilité en incomberait-elle à la seule technostructure européenne ? Cette incapacité désignait plutôt la cécité, un blocage, une décadence générale frappant toutes les parties de la société européenne, bien sûr entraînées par ses élites administratives mêlées à ses élites marchandes, mais toutes également privées de la conscience de l'identité.

C'est pourquoi soufflera un jour sur les terres d'Europe le vent de la révolution intellectuelle et morale appelée par nous au commencement de ce livre. Une nouvelle éducation européenne doit redonner corps au sentiment européen. L'éducation délivre en tout lieu les codes de la vie des peuples. Celui qui les reçoit appartient au pays qui les lui donne. Le contrat social est fondé partout sur l'éducation des individus. Cette éducation devra permettre à l'Europe de renouveler ses dirigeants et d'obtenir l'adhésion de ses peuples à son projet. La fondation intellectuelle précède la fondation politique[3].

La leçon chinoise

Une civilisation s'était jadis fermée au monde en quelques années : la Chine du XVe siècle. Les Européens l'avaient représentée dès les premières cartes géographiques du monde dans l'Antiquité grecque. En comparaison, le Japon serait connu beaucoup plus tard, puisqu'il faudrait attendre Marco Polo au XIIIe siècle pour qu'il soit mentionné, sous le nom de Cipango, et que ce n'est que près d'un siècle et demi après lui, en 1459, que l'archipel au large du continent chinois apparaîtrait, sous le nom de Zimpagu, sur la mappemonde de Fra Mauro. La Chine avait donc représenté l'identité asiatique. Les Européens y avaient vu la profondeur d'une civilisation s'opposant à eux. La Chine avait des connaissances et était un État civilisé au plus haut point.

Au commencement du XVe siècle, l'empereur Yongle avait décidé de bâtir un grand empire en édifiant la Cité interdite dans la nouvelle capitale de Pékin qui avait supplanté Nanjing, et en lançant l'entreprise magistrale des vaisseaux-trésors de l'amiral Zheng He qui devait être à l'origine de grandes expéditions dépassant la mer de Chine. Mais, à la suite de décisions prises par son fils, l'empereur Zhu Gaozhi, qui voulut mettre fin aux projets de son père, la Chine s'était soudainement repliée sur elle-même. On sait que le groupe social des confucéens, peu enclin par sa culture à imaginer une expansion de la Chine au-delà de ses frontières, conservateur du sens de la mesure chinoise, avait pesé dans les décisions de Zhu Gaozhi revenant sur les ambitions de Yongle.

Ce précédent est riche de deux enseignements. Le premier est que le pays qui avait renoncé à jouer un rôle dans les affaires du monde l'avait décidé de lui-même. L'empreinte des lettrés confucéens dans les rouages de l'administration de l'Empire avait bien inspiré à l'empereur l'interdit par lequel il avait coupé court aux entreprises de son père, à commencer par les voyages de l'amiral Zheng He. Ce fut un frein de l'intérieur, actionné par la volonté des fonctionnaires de l'Empire de ne pas laisser l'empereur s'éloigner des préceptes confucéens, qui avait entraîné le repli soudain de tout le pays.

L'Europe qui se coupe aujourd'hui de l'évolution du monde et se trouve bousculée par les grandes puissances qui s'y inscrivent, dont la Chine par un curieux chassé-croisé – les deux mouvements s'annulant, un échange des influences à cinq siècles d'intervalle –, se bloque à son tour de l'intérieur. Une attitude politique, voire psychologique, l'empêche d'adhérer pleinement à la nouvelle marche des nations dans le monde. Derrière cette attitude, comme une incarnation réelle et symbolique à la fois de la paralysie du Vieux Continent, il y a l'administration européenne qui s'est développée et réalise depuis maintenant trente années un verrouillage presque équivalent à celui qu'avait opéré la bureaucratie confucéenne. Un même empire de règles présumant l'existence d'un monde se suffisant à lui-même, mais se coupant aussi par conséquent des autres, éloigne l'Europe du reste du monde. À l'image de la Chine il y a cinq siècles, se retirant du monde sur ordre de l'administration impériale afin de préserver l'authenticité des origines confucéennes du pays, l'Europe se sédentarise autour des règles de son administration centrale formant un ordre juridique préconçu contre la vie extérieure. La même cause explique la fin de deux brillantes civilisations.

Le second enseignement est que la Chine est aussi revenue d'elle-même dans le monde en comprenant celui-ci tel qu'il était. Elle a fait cet effort en se détachant de son modèle et de toutes les préventions contre son rôle international pour s'adapter à son environnement, en dépassant aussi la mutilation de la période communiste. Cinq siècles après sa fermeture, elle s'est rouverte à partir de 1979, comme on l'a dit, sous l'inspiration du réformateur Deng Xiaoping, et cette réouverture qui n'a jamais été démentie jusqu'à ce jour en a fait une grande nation politique et économique[4].

L'Europe peut vivre cette révolution à son tour, en dépassant le cadre qui la régit pour s'adapter au monde tel qu'il est. L'Europe doit cesser de vouloir préfigurer par son organisation un ordre du monde qui ne viendra pas. Le comprendre pour les Européens aidera enfin, doit-on rappeler, l'équilibre du monde qui les appelle.

Quitter l'Europe ou la refonder ?

Le 24 juin 2016, un référendum était organisé au Royaume-Uni sur le maintien ou non du pays dans l'Union. Les autres peuples européens, emmenés par des dirigeants incrédules comme à l'accoutumée, regardaient la nation britannique. Le vote eut lieu, le verdict tomba. Le Royaume-Uni quitterait l'Union européenne, un peu moins de cinq ans plus tard, le 1er janvier 2021.

Telle sera désormais la tentation de ses États membres : quitter l'Union européenne. Le précédent existe. Le Royaume-Uni avait sans doute une identité qui le classait à part, raison pour laquelle le général de Gaulle estimait qu'il n'avait pas sa place dans un projet européen qu'il voyait continental ; il avait été aussi un membre particulier, en conservant sa monnaie et n'intégrant pas l'espace Schengen. Son départ a seulement montré la voie des possibles. Il n'avait jamais été question jusqu'à cette date que d'*adhésions*, on parlerait dorénavant de *départ*.

Quitter l'Europe ou la refonder ? La tentation de la rupture pourrait suivre un autre versant ou une autre formulation : quitter toujours l'Union telle qu'elle est devenue, mais se séparer donc seulement de son organisation.

C'est que l'Europe doit se refonder dans le temps d'arrêt de la mondialisation qui est maintenant proposé. Cette refondation passe par la recherche d'une organisation politique qui tranche le débat entre fédéralisme et confédéralisme, et assure la réelle incarnation d'un pouvoir européen à l'échelle du monde. La division entre ses membres, la fuite en avant que représentent les compromis incessants entre eux, la place occupée par une administration tentaculaire accusent le grand vide institutionnel. Toujours se rappeler l'interrogation que se plaisait à rappeler ironiquement Henry Kissinger : « L'Europe, quel numéro de téléphone ? »

Au temps du retour à la nation, l'Europe ne peut être que confédérale. Elle doit être l'Europe des nations. Il faut ainsi prendre le parti d'un nouveau traité établissant l'autorité du premier organe confédéral de l'Union, à savoir le Conseil européen. Valéry Giscard d'Estaing en avait proposé la création en 1974. Étant une union d'États, l'Europe devait avoir un exécutif politique issu des États qui la composent. Le Conseil européen réunirait les chefs d'État et de gouvernement des États membres de l'Union européenne. L'institution s'est maintenue, mais, avec l'arrivée de nouveaux États membres, est devenue une assemblée comptant jusqu'à vingt-huit participants, ramenée à vingt-sept après le départ des Anglais, et l'on a plaqué sur elle un président du Conseil européen désigné à tour de rôle tous les six mois entre les chefs d'État et de gouvernement. Le défi de l'autorité – ou du numéro de téléphone – n'était pas relevé.

Le Conseil européen doit être resserré. C'est la teneur d'une proposition que je formulais il y a maintenant près de dix ans pour une réduction du nombre de ses membres à six[5]. Le retour à une Europe déterminée par la volonté de six membres, ou *l'Europe décisionnaire des six*, était un symbole régénérateur de l'élan initial puisque la première communauté européenne comptait justement six membres : l'Allemagne, la France, l'Italie, les Pays-Bas, la Belgique et le Luxembourg. En 2014, Valéry Giscard d'Estaing plaidait lui-même pour une relance par les « six États fondateurs » adressée aux autres États « destinés à franchir une nouvelle étape de l'intégration européenne »[6].

Au service du Conseil européen, la Commission européenne doit redevenir ce qu'elle n'aurait jamais dû cesser d'être : un organe lui étant subordonné et attaché, avec des missions de réflexion, de proposition et d'exécution, comme tout secrétariat général d'une organisation internationale. Dans le fonctionnement actuel, la Commission a pris l'ascendant sur le Conseil européen. Elle entend se distinguer du Conseil en tirant sa légitimité des traités européens qui ont leur durée, contre l'inconstance des États membres représentés au Conseil. Le nouveau Conseil par sa stabilité reprendrait à son compte la durée du projet européen.

L'Europe disposerait ainsi de trois pouvoirs consacrés : le Conseil européen en *pouvoir exécutif*, le Parlement européen en *pouvoir législatif*, la Cour de justice en *autorité judiciaire*. Les deux organes de contrôle, le Parlement européen et la Cour de justice, fixeraient les bornes de l'action du Conseil européen. Il y a des règles, des principes, une histoire du projet européen, auxquels les six nouveaux membres du Conseil européen ne sauraient se soustraire, mais ce sont les deux offices du député et du juge qui les leur rappelleraient, non celui du fonctionnaire. Tout État appelle toujours et seulement comme correction l'État de droit.

La Commission européenne ne serait plus le censeur de l'action des États.

Quel avenir économique pour l'Europe ? Dans une Europe des nations, ce dernier ne s'écrit plus dans l'objectif d'intégration économique que poursuit la Commission européenne, mais dans la constitution de géants industriels libérés des entraves des règlements édictés par l'administration européenne et capables de rivaliser avec leurs concurrents mondiaux. C'est une économie libérale, une authentique économie de la société civile européenne, qu'il faut retrouver. L'encadrement institutionnel économique doit seulement résulter d'une coordination de la politique monétaire et de la politique budgétaire de l'Union, vérifiant l'adage : une monnaie, un budget. Cette coordination pourrait être confiée à un Trésor européen, placé sous le contrôle du Conseil européen. La fondation politique précède la fondation économique.

L'Europe a un défi : le renforcement de sa puissance. Celle-ci passe par la reconquête des souverainetés sans lesquelles toute nation, ou tout groupe de nations ayant établi entre elles des liens d'organisation régionale forts, ne peut espérer avoir la maîtrise de son destin. Nous les avons abordées, chapitre après chapitre, dans ce livre : souverainetés politique, économique, énergétique et démographique. Nous ne redirons jamais assez que celles-ci n'ont pas pour but de couper les nations du monde, mais de les préparer au contraire à une meilleure relation à celui-ci.

Les deux grandes crises qui ont brisé l'aspiration à un nouvel ordre mondial, l'épidémie de la Covid-19 et la guerre en Ukraine, ont provoqué un sursaut européen. L'Europe a émis la première dette européenne mutualisée sur les marchés financiers pour financer les mesures d'urgence répondant à la crise sanitaire, centralisé les achats de vaccins au nom et pour le compte des vingt-sept États membres, ouvert les dossiers tabous de l'indépendance énergétique et de la défense européenne, exprimé une solidarité avec le peuple ukrainien[7]. Est-ce le signe d'une renaissance européenne ?

La paix qui a vu naître la construction européenne n'existe plus. La mondialisation a dessiné la voie d'une pacification des nations qui n'est jamais survenue. C'est une nouvelle rupture, l'avant-dernière qui se croise avec la dernière. Aucune région du monde ne peut plus se construire dans les temps présents sans la conscience de la guerre.

9

La Troisième Guerre mondiale au ralenti

Il y a une fin de la mondialisation, parce qu'il n'y a pas de fin de la guerre. Le développement du commerce, libérateur des plus mauvais instincts des hommes, annonçait pourtant la fin des épreuves de l'Histoire. Si des rapports de force subsistaient entre les peuples, la recherche des compromis inspirés de la société marchande devait les résoudre. L'ordre du monde créé par les Occidentaux au commencement des années 1990 reposait sur une volonté de règlement des différends entre les nations qui devait les détourner de la culture de la guerre.

La violence propre au nouvel ordre mondial en a démenti l'esprit. Le monde, au terme des trente années écoulées, se révèle plus antagoniste que jamais. Cet antagonisme a pris deux visages : le terrorisme, qui a installé l'effroi lent et horrible au sein des nations, en passant indistinctement de l'une à l'autre, sans se rattacher à un ennemi visible ; la guerre régionale, dictée le plus souvent par des querelles de frontières entre des régimes politiques poursuivant la fin du contrôle des territoires, qui rappelle la guerre du monde d'avant, avec des armées nationales lancées dans une lutte frontale avec d'autres armées nationales.

La guerre n'a plus d'origine. La guerre est continue, ou se transforme en une guerre sans fin. Elle redevient dans le monde un état naturel, ou un état du monde second, qui agit au ralenti, étant parfois interrompue par des périodes de paix. « La guerre n'est plus déclarée, mais poursuivie », écrivait la poète Ingeborg Bachmann[1].

La guerre peut naître fortuitement d'une *opposition* entre des intérêts, mais elle est inéluctable quand se creuse l'*incompréhension* entre les peuples. De nombreux conflits, écrivant ou réécrivant le scénario de cette incompréhension, ont installé l'univers de la guerre moderne. Cette dernière est ainsi à présent la première source du dérèglement du monde et l'emporte d'ailleurs sur les problèmes politiques, économiques, sociaux voire sanitaires des nations. La guerre succède à la crise.

Une guerre régionale continue

L'histoire débute le 17 janvier 1991. Ce jour-là, près de 2 000 avions américains, britanniques et français, s'élèvent dans le ciel du Moyen-Orient pour mener l'opération dénommée « Tempête du désert ». Les trois grandes nations occidentales ont décidé de punir l'Irak de Saddam Hussein qui a envahi quelques mois plus tôt le Koweït.

Depuis, les interventions militaires se sont succédé dans la région du Moyen-Orient, où l'Occident semble poursuivre un ennemi éternel, à l'identité changeante : Irak baasiste, Iran chiite, Syrie alaouite et organisation dite État islamique. Les mobiles se sont multipliés. Pour la première guerre d'Irak en 1991, il s'agissait de protéger la souveraineté d'un État. Lors de la seconde guerre d'Irak, en 2003, les États-Unis désiraient laver l'affront des attentats du 11 septembre 2001 sur leur sol et entreprendre la lutte contre les pays de l'« axe du Mal », expression fameuse du président George W. Bush qui réussit à emmener dans son aventure les chefs de gouvernement anglais, espagnol et portugais, au terme d'un sommet improbable, le 16 mars 2003, sur l'archipel des Açores. L'Occident élabora alors un plan d'action militaire contre le régime irakien qui n'était manifestement pour rien dans les attentats du 11 septembre[2]. Avec cette figure de l'ennemi glissante ou métamorphosée, ses mobiles cachant mal sa volonté de dominer cette région du monde, l'Occident a commencé alors à entretenir une guerre continue menant toujours plus vers le chaos.

L'ingérence occidentale au Moyen-Orient a pour origine la rivalité entre la France et le Royaume-Uni qui voulaient se partager les dépouilles de l'Empire ottoman au lendemain de la Première Guerre mondiale. Les deux nations européennes se disputaient le contrôle du monde arabe libre après le départ des Turcs. Ce contrôle fut d'abord politique, dénué des arrière-pensées pétrolières qui allaient être si importantes ultérieurement, avec les accords Sykes-Picot, du nom des négociateurs, l'Anglais Mark Sykes et le Français François Georges-Picot, mandatés par leur pays pour trouver une ligne de partage entre les territoires que voulait dominer chacun. Ces accords, signés le 16 mai 1916, étaient privés et devaient conserver un caractère provisoire. La division de la région retenue, à partir d'une ligne diagonale tracée abstraitement de la côte méditerranéenne aux contreforts montagneux de l'Iran, attribuait la Mésopotamie à l'Angleterre et la Syrie à la

France. C'était un coup de craie sur des territoires de sable que seules connaissaient les caravanes de nomades.

Fruit d'un compromis entre un Anglais et un Français, la ligne des accords Sykes-Picot était inepte et trahissait la promesse que les Anglais avaient faite aux tribus arabes, de les laisser, une fois la guerre finie, organiser un grand État arabe regroupant la péninsule arabique, l'Irak et la Syrie, ainsi que la Palestine[3]. Elle illustrait seulement la « rivalité venimeuse » entre la France et le Royaume-Uni qui « a alimenté le conflit arabo-israélien actuel » et resterait longtemps montrée du doigt par les peuples arabes[4]. C'était la première ingérence qui représentait la première impéritie. La volonté de contrôle de la vaste région du Moyen-Orient s'étendit à la recherche par les nations occidentales et leurs compagnies pétrolières d'une maîtrise des sources d'énergie à partir de l'accord dit de la Ligne rouge en 1928, dont on a dit plus haut l'importance.

Cette ingérence devait revenir ou renaître avec le sentiment d'impunité qui s'emparait de la puissance occidentale à la disparition de l'Union soviétique. À peine plus d'une année sépare la chute du mur du Berlin, le 9 novembre 1989, et le lancement de l'opération « Tempête du désert », le 17 janvier 1991. Cette dernière aurait-elle pu voir le jour si le géant soviétique avait été encore debout ? Les deux événements sont trop rapprochés pour ne pas être liés. Ils s'enchaînent au contraire, et précipitent le chaos au Moyen-Orient.

La fin de la guerre froide avait libéré l'Occident. À Moscou, après la mort de trois secrétaires généraux du Parti communiste en l'espace de trois ans, Brejnev en 1982, Andropov en 1984 et Tchernenko en 1985, Gorbatchev lançait la perestroïka qui devait ouvrir l'Union soviétique mais manifesterait aussi sa faiblesse devant l'Occident, en transformant de surcroît le plus vieil ennemi du capitalisme en l'un de ses nouveaux chantres[5]. Il n'y avait plus de résistance à l'Amérique et son allié européen. L'Occident a aussi cherché à utiliser, à partir de ce moment, les deux instances des Nations unies, Assemblée générale et Conseil de sécurité, pour obtenir le consentement de la communauté internationale à ses interventions.

L'Occident s'est alors trouvé confronté systématiquement aux pays arabes et, en leur sein, plus généralement, aux populations musulmanes. Il a pris pour cible le monde musulman, comme si ce dernier avait remplacé le monde communiste, ennemi proclamé durant la période révolue de la guerre froide. Il avait déjà, au temps des accords Sykes-Picot, provoqué la susceptibilité des peuples arabes ; il a, depuis « Tempête du désert », creusé le fossé, ou cette incompréhension qui lève les guerres inéluctables, entre la culture occidentale et la culture musulmane.

Des terres du Moyen-Orient sont nés les trois monothéismes. C'est la région des religions emmêlées ; les religions juive, chrétienne et musulmane ont loué ici les mêmes épopées divines qui sont retracées dans la Bible et le Coran, comme les missions de l'ange Gabriel ou le mythe de Noé. Ces terres ne pouvaient donc être soumises à une seule direction politique, a fortiori une seule religion, par une occupation et des attaques hasardeuses aux conséquences non calculées, jusqu'à ce que l'épuration religieuse que lancerait la troisième religion en retour veuille elle-même éradiquer les deux autres.

Les États-Unis prirent le relais du couple franco-britannique affaibli avec le temps. Ils étaient convaincus que leurs principes devaient conduire la marche de cette région. Nous connaissons maintenant le ressort de ce prosélytisme américain, émouvant par son angélisme et éprouvant par son cynisme. On ne cessera de s'étonner qu'il se soit fixé pour objectif de s'ancrer dans des terres si éloignées de la zone d'influence que la doctrine Monroe limitait au seul continent américain[6].

Les principes américains n'avaient pas lieu d'être dans cette région, et tous ceux qui ont participé à la guerre du Golfe en 1991 doivent être tenus pour responsables de la rupture de l'équilibre du monde qui en a résulté. L'effet à rebours de l'action conduite en leur nom est la guerre à l'Occident qu'ont déclaré les djihadistes.

Les États-Unis et les nations occidentales qui se sont associées à leur entreprise ne sont pourtant pas les seuls à agir dans cette région depuis lors. Deux États veulent étendre leur influence au Moyen-Orient : l'Arabie saoudite et l'Iran, qui ont aggloméré avec le temps leurs alliés internationaux et locaux : les États-Unis et les autres États du Golfe pour la première, la Russie et la Syrie pour le second[7]. La Turquie tendrait à vouloir jouer son propre rôle tout en se rapprochant du second camp. En arrière-plan de cette lutte d'influence, se joue la concurrence qui dure maintenant depuis l'origine de l'islam entre sunnites et chiites.

C'est une guerre à outrance et sans limites, dans une région retournée par des puissances de plus en plus nombreuses à se pencher sur son berceau. C'est une guerre n'apportant que la ruine de nations qui auraient dû prendre leur destin en main depuis la fin de la Première Guerre mondiale.

L'islam et l'Occident

La sanction d'une guerre qui ne se termine pas est le terrorisme. Le second théâtre fut engendré par le premier. L'issue de la guerre régionale continue qui s'est poursuivie au Moyen-Orient est à présent la folie meurtrière et clandestine des hommes proclamant le *djihad.*

Qu'est-ce que le terrorisme ? Pourquoi devient-il si constant à son tour ? Et quelles raisons expliquent surtout qu'il provienne de la religion de l'islam, levée, dans les pays arabes et à travers le monde, comme la dernière épée contre l'Occident ?

Le chapelet des attentats frappant les intérêts occidentaux depuis une trentaine d'années s'égrène, en écho aux coups de boutoir de l'Occident dans cette région du monde. Une première vague est venue à la suite de la première guerre d'Irak, divers mouvements islamiques visant les États-Unis[8]. Dans la période récente, de nouveaux attentats, rattachés, directement ou indirectement, aux deux organisations État islamique et Boko Haram, ont touché d'autres pays occidentaux, dont la France[9].

Les attentats islamistes ont dépassé l'Occident. Entre 2019 et mai 2021, dans le classement des pays touchés par le terrorisme islamiste, les trois premiers furent l'Afghanistan (15 874 attentats et 66 662 morts), l'Irak (7 469 attentats et 42 790 morts) et la Somalie (5 265 attentats et 11 887 morts). La France, premier pays occidental, était trentième avec 82 attentats et 332 morts, suivie par les États-Unis, trente-troisième avec 58 attentats et 3 121 morts, et le Royaume-Uni, trente-cinquième avec 27 attentats et 110 morts[10]. Ce cycle du terrorisme, comme celui de la mondialisation, est universel. Il n'a pas de frontières et s'inscrit de manière prononcée dans la religion revendiquée de l'islam.

Il y eut une grande révolution à l'origine de la montée de l'islam moderne : la révolution iranienne de 1979. Elle fait penser aux révolutions bolchevique et chinoise. Ce sont des événements qui déracinent des populations entières, embrigadent la jeunesse et mutilent des générations, meurtrissent des nations en les privant de leur équilibre historique.

En réaction à la modernisation de son pays que le shah d'Iran avait entreprise avec la « Révolution blanche », appelée ainsi parce qu'elle ne devait pas verser de sang, en 1963 les mollahs avaient lancé une guerre d'abord larvée, puis ouverte. Deux mesures les heurtaient : l'ouverture du droit de vote aux femmes et la réforme agraire qui allait redistribuer les terres arables au détriment des grands propriétaires parmi lesquels se comptait le clergé chiite[11]. L'ayatollah Khomeyni, en exil, lançait des messages excitant les foules contre le shah. Les premières manifestations éclatèrent quinze ans après et parvinrent à renverser le régime jusqu'à rendre inéluctable l'exil du shah qui ne devait plus jamais revenir dans son pays. De retour en Iran, Khomeyni promulgua les lois d'une République islamique. Celle-ci soumit tout un peuple à un corset de mœurs enchaînant les deux mouvements de l'épuration et de la régression. C'est l'origine de l'islamisme radical moderne, dans le sein duquel s'est nourri le djihadisme[12].

S'il ne peut pas être résumé aux exactions commises en son nom, l'islam est le terreau d'une révolution qui donne sa matière aux terroristes. Comme toute religion, l'islam a un sens attaché à son histoire. Il faut aujourd'hui le comprendre. Ce sens est celui de la conquête d'un territoire pour la formation d'un État.

Les peuples arabes avaient préexisté à l'islam. Ils habitaient au nord de la péninsule arabique qui recouvre le vaste détachement du continent entre l'Afrique et l'Asie. Leur nom d'Arabes, *aribi*, apparaît dans des textes cunéiformes autour de l'an 800 av. J.-C., où sont contés les combats menés par les combattants assyriens contre les tribus nomades pour contrôler la route marchande reliant le Nord au Sud. C'était la route des aromates que les caravanes allaient chercher au Yémen. Les Arabes étaient ces nomades. Au contact du monde gréco-romain, certains s'étaient sédentarisés, mais le plus grand nombre étaient restés dans des tribus qui menaient des expéditions militaires ponctuelles et répétées contre d'autres tribus. Ils étaient polythéistes.

Après avoir été appelé comme prophète par l'ange Gabriel, en 610 de notre ère, Mahomet entreprit de convertir ses proches puis de gagner des territoires pour organiser un État comme un authentique chef politique. Au temps de son premier exil vers l'Abyssinie où il se rendit pour fuir les persécutions des tribus arabes de La Mecque, en 615, il rechercha la « construction d'un puissant État islamique[13] ». À Médine, où il organisa sa communauté, il voulut « créer un nouvel ordre politique, social et religieux dans ce Hedjaz d'abord et dans toute l'Arabie ensuite[14] ». Dans la constitution qu'il élabora alors, et que l'on nomma la « constitution de Médine », « aucune institution ne manquait, ni celle des finances, de l'armée ou de la justice, ni celle de l'assistance aux plus démunis[15] ». Quand il se défendit à Médine contre une armée lancée depuis La Mecque, en 627, c'était encore pour la « cohérence de l'État islamique naissant[16] ». À la fin de sa vie, Mahomet « continuait à Médine son ministère quotidien : prier, arbitrer, administrer, légiférer pour la communauté musulmane qui avait acquis la consistance d'un État dont le territoire était le Hedjaz, la capitale politique Médine et le sanctuaire la Ka'ba[17] ».

Le Prophète fut ainsi un chef d'État et un chef militaire autant qu'un chef religieux. L'islam est une religion qui a recherché originellement une organisation politique sur un territoire. Les Arabes qui reconnaissaient cette religion se sont d'abord sédentarisés dans un État islamique. L'islam n'a jamais désiré, comme le christianisme, séparer les deux pouvoirs, temporel et intemporel. Il propose une expérience politique inédite pour une religion, particulièrement par rapport aux deux autres monothéismes, en voulant créer une cité à la fois politique, militaire et religieuse.

La leçon qu'il faut tirer de sa genèse est que l'islam est *inséparable d'un territoire contrôlé.* Sa loi appartient à un État. S'il quitte ce territoire, il doit contrôler le nouvel espace où il se rend afin que sa loi s'applique. L'autre leçon, plus tragique, est que l'islam n'aurait jamais dû quitter la région du monde où il est né. Son message ne pouvait pas se doubler d'une volonté de conquête en dehors des limites de cette région. Il est ainsi devenu le propre d'hommes et de femmes détachés de la conscience politique du départ, et c'est ce détachement, comme un déracinement, qui explique leur folie meurtrière et aveugle.

Il y a un lien entre la chute de l'homme et le terrorisme. L'homme se dégrade, et la guerre est de plus en plus sauvage. Cette sauvagerie se dresse aujourd'hui dans le monde, et nous éloigne du passé européen qui connut, par-delà la guerre déclarée, la guerre rangée. Celle-ci se limitait à l'affrontement entre des armées alignées sur des champs de bataille circonscrits. La guerre était le fait des hommes de guerre. La conscription, qui avait donné des moyens humains sans limites aux nations, en avait signé le premier dépassement. Puisque les civils participaient à la mobilisation pour l'effort de guerre, ils pouvaient bien en devenir la cible. La banalisation de la violence a fini d'achever le statut de la guerre ancienne dans notre temps.

On tue autant les civils que les militaires ; la guerre s'invite dans des théâtres d'opérations inédits au sein des sociétés ; on atteint les populations dans leurs lieux de vie avant de battre des armées. La frontière entre guerre militaire et guerre civile est abolie. De multiples agressions toutes plus imprévisibles les unes que les autres, des débordements de haine, une intimidation quotidienne par des menaces répétées font l'actualité de cette hostilité lente, non massive et sans limites, que dessine à présent le terrorisme à l'échelle de la planète.

Qu'est devenue la guerre ? Le rapport qu'on entretient avec elle n'est plus rationnel, pour celui qui la porte comme pour celui qui la subit. Pour le premier, le terrorisme est la guerre que l'on doit mener par tous les moyens. La guerre officielle est impropre et, de toute façon, inaccessible. Si l'on veut bien citer le cas de l'État islamique, qui revendiquait le statut d'un État parce qu'il désirait réunir des groupes isolés et cherchait leur organisation commune, il faut relever que seules les attaques lancées dans la région de Syrie et d'Irak, et peut-être de Libye, obéissaient à un semblant de rationalité, l'Occident mais aussi les autres puissances impliquées dans la région, comme la Russie, réagissant d'ailleurs à leur tour de façon rationnelle. Les actes sporadiques de terrorisme qui éclatent dans le monde ne se rattachent pas à cette guerre, et sont le plus souvent revendiqués par des êtres isolés.

Pour les pays qui subissent le terrorisme, ce dernier est proprement intenable du fait même qu'il est délié de toute organisation visible comme au temps de la guerre classique. Les États peuvent accentuer les contrôles aux frontières, instituer des fichiers spéciaux pour les individus en relation avec le terrorisme, emprisonner les fauteurs de troubles, juger les criminels et les condamner à des peines de prison lourdes et incompressibles – la réplique n'est pas à la hauteur de la guerre poursuivie par le terrorisme. Il faudrait de surcroît une mentalité qui domine la peur du terroriste, dont on sait qu'elle est la meilleure réponse aux terroristes. Et celle-ci est, enfin, introuvable.

Nous savons maintenant que la perte de sens de l'islam provient de sa volonté de naître et de s'appliquer dans des territoires hors de sa terre d'origine. Le *djihad* est une plaie qui reste ouverte et ne guérit pas.

Il n'y aura pas d'ordre mondial

La guerre au Proche-Orient a eu plusieurs répliques dans le monde, confirmant que celui-ci est devenu le lieu de violences déjouant chaque jour les bienfaits proclamés de la mondialisation. Il faut citer la guerre du Cachemire, qui oppose les armées indienne et pakistanaise de part et d'autre de la ligne de contrôle dessinée par les accords de Shimla de 1972, la lutte entre les minorités au Sri Lanka, la guerre la plus longue d'Afrique entre l'Érythrée et l'Éthiopie, les effroyables génocides au Burundi et au Rwanda, ou encore la guerre que livre depuis plus de six ans l'Arabie saoudite au Yémen ; parfois, ce sont de simples provocations aux frontières qui s'inscrivent dans un temps plus long mais peuvent à tout moment dégénérer, comme le conflit entre la Corée du Nord et la Corée du Sud, ou celui entre la Chine et le Japon pour le contrôle des îles Senkaku.

L'un de ces conflits a dégénéré dans une guerre aux conséquences mondiales : celle déclenchée, le 24 février 2022, par la Russie, qui a envahi l'Ukraine et s'est très vite trouvée confrontée au bloc que voulut reconstituer l'Occident face à l'ancien ennemi communiste.

Ils avaient pourtant commencé dans le même camp. Le 30 juillet 1914, Nicolas II, empereur de Russie, avait ordonné la mobilisation générale de sa nation aux côtés des deux autres pays de l'Entente, la France et le Royaume-Uni, que, le 6 avril 1917, les États-Unis rejoignirent. Si les Soviétiques quittaient le conflit en décembre 1917, les nations russe et américaine avaient livré le même combat pendant huit mois. Puis, durant la Seconde Guerre mondiale, après le pacte signé avec l'Allemagne, qui n'aurait pas de suite, l'Union soviétique allait rejoindre une nouvelle fois le camp des démocraties occidentales. L'année de leur ralliement, qui intervint le 7 décembre 1941, les États-Unis allaient s'engager à leur tour jusqu'à la libération de l'Europe. Américains et Russes seraient cette fois ensemble quatre ans. Aux trois grandes conférences qui détermineraient le sort du monde de l'après-guerre – Téhéran en 1943, Yalta et Potsdam en 1945 –, les États-Unis et la Russie se retrouvaient avec le Royaume-Uni.

L'ordre du monde est devenu un équilibre du monde, dans la plus pure tradition des *checks and balances* hérités des traités de Westphalie de 1648 qui avaient donné leurs règles au dialogue entre les États sur les décombres des monarchies universelles, quand la guerre froide a succédé au combat commun. Celle-ci a établi un rapport de forces entre l'Occident libéral et la nouvelle URSS cimentant le bloc des nations communistes qui s'est étendu dans le monde entier, bien au-delà de la seule Europe, jusque dans la région du Moyen-Orient, où les chefs d'État se rangeaient soit du côté des États-Unis (le shah d'Iran et Fayçal), soit du côté de Moscou (Gamal Abdel Nasser et Saddam Hussein). « Tout au long de la guerre froide, les relations entre les mondes islamique et non islamique adoptèrent, dans l'ensemble, cette approche essentiellement westphalienne, fondée sur l'équilibre des forces », pour Henry Kissinger[18].

Ce rapport de forces serait le garant de la paix. Un équilibre historique né de l'opposition entre les deux camps avait interdit la guerre. Il n'y aurait pas eu de paix sans cet équilibre des puissances. La fin de la guerre froide a dangereusement installé l'Occident dans la confiance aveugle en un modèle qui fut tragiquement celui de l'absence de communication dans un monde privé d'équilibre. En ne désignant aucun univers de partage, au cours du mauvais cycle amorcé à la fin de la guerre froide et ininterrompu jusqu'à aujourd'hui, la mondialisation a *normalement* suscité la guerre.

Depuis la fin de la guerre froide, justement, nous assistons à des destructions de pays et des exodes massifs de populations qui ne font que traduire la fermeture de toute communication ou de tout espace de dialogue entre les pouvoirs et leurs populations, ou entre les minorités elles-mêmes. Les premiers migrants de Calais datent de ce temps ; l'Irak, frappé au début de cette période, s'est effondré et a du mal à se reconstruire, comme la Libye et la Syrie ; les armes et munitions de ces pays remises aux populations, ou celles des armées démantelées (comme ce fut le cas en Irak et en Libye), sont passées au cours de cette période entre les mains des terroristes ; ces derniers ont été formés en Irak et en Syrie, dans des camps apparus après la déstabilisation de ces pays ; la lutte entre pouvoirs en place et minorités aux abois écrit la leçon décourageante de la nouvelle violence de nations qui ne se parlent plus.

C'est la logique de cet équilibre qui a été retrouvée trente années après la fin de l'Union soviétique, avec l'invasion de l'Ukraine par la Russie. Celle-ci refusait l'adhésion de l'Ukraine à l'OTAN et, on l'a dit, avait dénoncé dès 2007, lors de la conférence de Munich sur la sécurité, l'extension de l'Alliance atlantique et l'unilatéralisme américain, puis attaqué la Géorgie en 2008, enfin annexé la Crimée et

Sébastopol en 2014. Au bout de 100 jours, la Russie contrôlait un cinquième du territoire de l'Ukraine. Elle affichait son refus de l'Occident qui avançait sur ses marches, comme la mondialisation ne devait pas aller jusqu'au bout de sa volonté de conquête de toutes les nations du monde.

Mais la guerre en Ukraine de 2022 n'a pas ressuscité un monde identique à celui d'avant la chute du mur de Berlin, car la renaissance du pouvoir à l'Est a pris une tout autre ampleur. Les enjeux militaires, énergétiques, démographiques, alimentaires et climatiques sont désormais liés dans une rivalité des puissances qui dépasse les deux acteurs historiques de la guerre froide. Les États se rapprochent et nouent des relations exclusives à l'Est comme à l'Ouest. C'est, enfin, *monde contre monde*.

On retiendra ainsi des premiers mois de la guerre l'organisation du camp de l'Occident contre l'ennemi russe, avec le soutien affiché des États-Unis à l'Ukraine et la multiplication des sanctions contre Moscou, puis l'érosion du groupe des nations qu'avait cru réunir l'Occident au-delà de lui-même : si, le 2 mars 2022, 141 pays condamnaient l'invasion de l'Ukraine à l'assemblée générale des Nations unies et, le 24 mars, 140 votaient en faveur d'un accès humanitaire sans entrave et de la protection des populations civiles en Ukraine, le 7 avril, ils n'étaient plus que 93 à voter la suspension du siège de la Russie au Conseil des droits de l'homme des Nations unies. Plus étonnant encore fut le basculement de l'Arabie saoudite, rejetant la demande des Américains d'augmenter la production de pétrole pour compenser l'embargo sur l'offre russe et décidant de se rapprocher de la Russie et de la Chine.

Un rapport de forces s'est dessiné fin juin 2022 avec la réunion du G7 en Bavière puis de l'OTAN à Madrid, d'une part, et du sommet des BRICS (Brésil, Russie, Inde, Chine et Afrique du Sud), auxquels s'étaient joints l'Argentine et l'Iran, organisé en virtuel depuis Pékin, d'autre part. Les premiers réaffirmèrent leur soutien à l'Ukraine, les seconds firent bloc avec la Russie. C'était le monde coupé en deux. Replié sur lui-même, l'Occident inventait la *petite mondialisation*.

Il n'y aura pas de monde unique, mais un équilibre du monde. Il n'y aura pas de société internationale, mais le système interétatique. Le nouvel ordre mondial, ou la *Pax americana*, ne verra pas le jour. C'est l'ultime rupture.

Conclusion

Il faut arrêter la guerre

« Comme ce pays était beau, et bien digne qu'on versât son sang et qu'on mourût pour lui ! » écrivait, porté par une forme d'évidence à la vue des collines du Neckar, Ernst Jünger dans son journal de la Première Guerre mondiale[1]. Il y eut de tout temps une culture de la guerre, défendue d'ailleurs par des philosophes comme Héraclite ou Hegel. La guerre a toujours été aussi le propre des idéologies qui, pour conquérir des territoires ou vaincre leur ennemi, invoquaient sa nécessité. Ce premier mobile cache un second, celui engendré par l'absence de communication avec l'autre.

Il est ainsi faux de croire que le nationalisme engendre par lui-même la guerre. La paix repose au contraire sur le dialogue et, par-dessus tout, l'échange entre les nations. Les nations doivent échanger pour se comprendre, dans un nouvel espace qui ne doit pas être celui d'un monde imposé. C'est cet espace qui pacifiera les cultures des nations, en les vidant de la frustration qui naît de l'impossibilité de leur expression.

Un des meilleurs vecteurs de cette communication sera la langue. Le nouveau monde avait voulu retenir une langue unique, mais la paix n'est possible que si on donne à chaque nation la capacité de s'exprimer dans sa langue, ainsi qu'y invite François Jullien en avançant que « la traduction est la langue logique » du dialogue des nations, ou « la langue du monde » : « Le monde à venir doit être celui de l'entre-langues : non pas d'une langue dominante, quelle qu'elle soit, mais de la traduction activant les ressources des langues les unes par rapport aux autres »[2]. Une seule langue, l'anglais pour ne pas le nommer, ne peut pas être la langue unique parlée dans le monde. Elle a participé à sa façon, sans que sa richesse ni son histoire ne soient en cause, à la forme d'écrasement culturel de la mondialisation, telle que celle-ci fut en outre parlée par ses élites.

Le premier défi que devront relever les nations à la sortie du cycle de la mondialisation sera d'*arrêter la guerre*, et arrêter la guerre ne sera possible que par le retour de la communication entre les nations. Il faut pour cela que chaque nation voie, par-delà sa langue, ses intérêts reconnus dans un territoire déterminé où rayonne son identité. Les conflits entre les religions, les valeurs et les modes de vie, à l'intérieur comme à l'extérieur des nations, les déchirent. Une nation doit avoir son identité pour résister à ces déchirements, mais il faut rappeler que cette dernière n'est pas le dénominateur commun de plusieurs identités. Elle n'est pas la somme proportionnelle de plusieurs esprits particuliers. Il faut la reconnaître dans une continuité de valeurs et d'expériences communes à plusieurs générations qui domine les différences immédiates. Une identité est un héritage nourri, non le compromis entre des cultures existantes. Voici pourquoi le projet de la paix dans le monde ne sera atteint qu'à partir du primat de l'identité.

Le concert des nations pourra renaître là où les belles et les saines différences réapparaîtront. Il redonnera, enfin, toute sa valeur à l'accueil des migrants de toutes les populations, dans toutes les nations, d'où qu'ils viennent et où qu'ils veuillent s'installer, dès lors qu'ils respecteront l'identité du pays les accueillant. Le rehaussement des identités nationales sera le ferment de la paix. Si la générosité entre les peuples doit rester la valeur supérieure, s'il n'y a pas de malheur humain qui puisse laisser inactive chaque nation, si le secours et l'entraide sont le devoir des États – comme on l'a vu récemment à l'égard du peuple ukrainien –, l'accueil des immigrés reposera aussi sur l'exigence du respect des us et coutumes du pays qu'ils rejoignent. L'État en sera le garant, par sa politique migratoire, en agissant sur les variables des flux migratoires que sont le droit d'asile et les règles d'accès à la nationalité.

Par-delà cette conquête de la communication et de l'identité, la paix restera toujours cet effort que définissait Dominique de Villepin en disant que, pour arrêter la guerre, il faut vouloir la paix, la vouloir et la comprendre comme « un art en soi qui commence à l'intérieur de chacun[3] ». La paix n'est pas la fin d'une guerre ou de la guerre en soi, mais l'élaboration d'un nouvel ordre par lequel les nations renoncent à toute fatalité ou toute facilité. « La paix n'est pas l'absence de conflit, mais l'institution d'un nouvel ordre dans le temps, un ordre assez souple pour s'adapter à l'origine mouvante des conflits, un ordre assez global pour éviter que la paix chez les uns devienne, paradoxalement, la cause de la guerre chez les autres, un ordre assez durable pour s'enraciner dans les esprits », ajoute de Villepin[4].

Faire la guerre demande aussi moins de travail que faire la paix. La première reste un discours commode et mobilisateur des populations, quand la seconde est une abnégation qui n'est jamais payée du meilleur résultat immédiat. La paix est une entreprise de longue haleine, mobilisant la diplomatie et ne l'effaçant pas comme l'avaient voulu dangereusement les acteurs de la mondialisation. Elle lève une alternative exigeante au monde facile. L'art de la paix sera compris dans l'art du gouvernement qu'appelle le projet des nations.

Le même Ernst Jünger déplorait dans son journal la « destruction préméditée » qu'entraîne la guerre, et jugeait que cette dernière était en « corrélation étroite avec les doctrines économiques de [son] temps et rapporte au destructeur lui-même plus de tort que de profit »[5]. La guerre n'est jamais belle.

*

Le péril que courent aujourd'hui les nations est de ne pas comprendre le passage d'un cycle à l'autre. Persévérer dans celui de la mondialisation, c'est aller à contretemps. Le gouvernement qui voudrait poursuivre dans la voie dictée ces trente dernières années ne ferait que fragiliser son pays, à l'heure où les autres ont pris conscience du *retour à la nation*.

Il n'est pas de meilleure conduite du pouvoir que de répondre aux défis de son temps. C'est le pas de deux au cours d'une même période, vouloir la mondialisation et préserver la nation, prolonger l'une et y associer l'autre, qui serait l'erreur. En tout, il faut une conduite claire. La priorité du moment dicte l'ordre de préséance.

Il est d'ailleurs heureux qu'il en soit ainsi, si la tradition de l'universalisme dans laquelle puisait l'expérience du monde achevée comme avant elle la première mondialisation, l'héritage des grandes révolutions libérales, les acquis démocratiques des temps récents qui les ont prolongées, risquent de disparaître avec lui. Certaines idées développées en réaction aux messages du monde unique, installées dans des sociétés désorientées, ne demandent qu'à reprendre leur mauvaise œuvre. L'ultime et authentique danger de la mondialisation serait de provoquer le retour aux obscurantismes, une conception du monde qui s'élèverait contre l'idée de civilisation ouverte et généreuse qu'elle voulait proposer, la négation absolue de la solidarité entre les individus qu'elle portait. Il faut seulement aujourd'hui laisser le temps aux peuples de reprendre leur souffle, aux hommes et aux femmes de chaque nation de retrouver leurs marques. La mondialisation doit être intégrée avant d'être poursuivie. En s'arrêtant, elle se sauve.

*

L'aventure universelle est inaliénable. L'Histoire retrouve un sens, en renouant avec cette aventure à partir du destin des peuples et non plus contre eux. La nation est la base, le monde est une chance.

Nous voici au seuil d'une nouvelle histoire des hommes. Ce seuil désigne un sursaut. Portons ce livre pour ouvrir les engagements qui lui correspondent, dans la voie maintenant retrouvée d'un dépassement de l'Histoire.

Paris, le 15 juillet 2022

Notes

Introduction générale
(pages 17 à 31)

1. *Covid* est l'acronyme de « co*rona* vi*rus* d*isease* », soit « maladie du coronavirus », *19* désigne 2019, l'année de son apparition selon l'Organisation mondiale de la santé ; l'Académie française, rappelant que le genre d'un acronyme est défini par son nom principal, en français *maladie*, a estimé que le mot était féminin.

2. Du fait « que la "communauté" des sachants n'est pas plus communautaire que d'autres ; qu'elle est traversée par des lignes de fracture, des sensibilités et intérêts divergents », « écouter *ceux qui savent* [...], c'est écouter une pétarade perpétuelle et, quand on est un État, inviter la foire à la table du roi ! » (Bernard-Henri Lévy, *Ce virus qui rend fou*, Paris, Grasset, 2020, pp. 23-24).

3. « Ceux qui avaient le mieux anticipé ont déployé une stratégie qui s'est révélée tout à la fois plus efficace sur le plan sanitaire et moins destructrice sur le plan économique. Ainsi, les pays asiatiques n'ont pas eu à mettre leur économie à l'arrêt et comptent leurs morts

en centaines, non en dizaines de milliers » (Hubert Védrine, *Et après ?*, Paris, Fayard, 2020, p. 49).

4. « On sut, dans certains cercles, que [le Premier ministre] avait confidentiellement reçu des hauts gradés militaires pour tenter de s'assurer de leur loyauté. Auprès de lui, les généraux consultés avaient néanmoins été clairs : jamais ils ne donneraient l'ordre de tirer sur le peuple français si d'aventure celui-ci devait pénétrer dans un bâtiment public, fût-ce le palais de l'Élysée » (Aude Lancelin, *La Fièvre*, Paris, Les Liens qui libèrent, 2020, p. 76).

5. Francis Fukuyama avait d'abord publié un article intitulé « The End of History ? » dans le numéro de l'été 1989 de la revue *The National Interest*, qui avait été développé et transformé trois ans plus tard dans son livre, *The End of History and The Last Man*, New York, The Free Press, 1992 ; trad. fr. Denis-Armand Canal, *La Fin de l'Histoire et le Dernier Homme*, Paris, Flammarion, 1992.

6. *Ibid.*, p. 21.

7. *Ibid.*, pp. 38-40.

8. Winston S. Churchill, *Memoirs of the Second World War. An Abridgement of the Six Volumes of the Second World War*, Cassel & Co Ltd, 1959 ; trad. fr. François Kersaudy, *Mémoires de guerre*, Paris, Tallandier, 2009, t. 1, p. 67.

9. *Ibid.*, t. 2, p. 37.

10. Ce mode d'action fut illustré dans notre pays par le « en même temps » du président de la République ; il n'y avait plus de hiérarchie dans l'action, tout pouvait être fait dans un temps unique, l'instant présent résumant l'horizon de toutes les politiques ; mais, à un second degré, c'était bien sûr l'inclusion de toutes les actions dans un monde unique ; tout s'assemblait ; il n'y avait pas de contradiction,

mais il n'y avait pas d'opposition non plus ; c'était la philosophie du monde global : un monde sans histoire, un monde sans différence ; on y verrait bientôt le carrefour des choix impossibles ou de l'impuissance politique elle-même.

11. Michel Guénaire, *Le Retour des États*, Paris, Grasset, 2013.

1. Les nations veulent à nouveau se défendre (pages 33 à 51)

1. Alexis de Tocqueville, *L'Ancien Régime et la Révolution*, 1856, livre II, chap. II, « Que la centralisation administrative est une institution de l'ancien régime, et non pas l'œuvre de la Révolution et de l'Empire, comme on le dit ».

2. Timothy Snyder, *The Reconstruction of Nations*, Yale University, 2003 ; trad. fr. d'Olivier Salvatori, *La Reconstruction des nations. Pologne, Ukraine, Lituanie, Bélarus, 1569-1999*, Paris, Gallimard, 2017.

3. *Ibid.*, p. 176.

4. Ernest Renan, *Qu'est-ce qu'une nation ?*, Paris, Calmann-Lévy, 1882.

5. T. Snyder, *La Reconstruction des nations*, p. 68.

6. M. Guénaire, *Le Retour des États*, p. 131 *sq.*

7. Marcel Gauchet, *L'Avènement de la démocratie*, t. IV, *Le nouveau monde*, Paris, Gallimard, 2017, pp. 7-8.

8. L'apparition de communautés s'installant sur des territoires coupés des États-nations et venant remplacer les classes sociales n'a guère été analysée par les marxistes ; Karl Marx ne s'y retrouverait pas lui-même, et ne l'avait pas non plus anticipé ; la fin de la mondialisation désignerait de ce point de vue, plus que la seule fin de la période de trente années qu'elle a occupée, le dépassement de la société des hommes qui lui préexis-

tait ; « le marxisme […] conçoit bien l'appropriation de moyens de production par des classes, mais non l'appropriation de territoires par des communautés », note justement Jacques Bidet (*Le Néo-libéralisme. Un autre grand récit*, Paris, Les Prairies ordinaires, 2016, p. 72).

9. 8,4 % de la population mondiale vivrait dans une démocratie pleine et entière (« *a full democracy* », *The Economist*, 8 février 2021).

10. Les comptes de Donald Trump sur Twitter et Facebook ont été bloqués après l'attaque du Capitole le 6 janvier 2021, sans autre explication que « le risque d'une nouvelle incitation à la violence », tandis que le rôle qu'avait pu jouer l'ex-président américain dans cette intrusion n'était pas établi le jour du blocage.

2. La légitimité reconquise de l'État régalien (pages 53 à 83)

1. Nous fûmes peu nombreux à analyser, voire simplement à comprendre cette évolution, comme l'illustra la réception incrédule de mon essai, *Le Retour des États* (Paris, Grasset, 2013), qui venait après *Déclin et renaissance du pouvoir* (Paris, Gallimard, 2002).

2. M. Guénaire, *Le Retour des États*, p. 187 *sq.*

3. Pour combler le fossé qui s'était creusé entre les pays les plus riches, situés dans l'hémisphère Nord, et les pays les plus pauvres, qui se retrouvaient dans l'hémisphère Sud, l'Occident avait imaginé le dialogue Nord-Sud au début des années 1980. L'ordre économique international qui devait en résulter devait être plus profitable au tiers monde, mais a tourné court.

4. Raymond Aron, *Paix et guerre entre les nations*, Paris, Calmann-Lévy, 1962 ; présentation de la huitième édition, 2004, p. III.

5. Douglass C. North, John Joseph Wallis et Barry R. Weingast, *Violence and Social Orders*, New York,

Cambridge University Press, 2009 ; trad. fr. Myriam Dennehy, *Violence et ordres sociaux*, Paris, Gallimard, 2010, p. 410.

6. Jean Tirole, *Économie du bien commun*, Paris, PUF, 2016, p. 24.

7. « La politique – dont, hélas, nous avons dû reconnaître l'actuelle déliquescence – doit se reprendre et se redimensionner partout. Sa présence dans les institutions mondiales ne peut rester épisodique ou purement formelle. La compétence des technocrates ne peut y suffire ; ce vide doit être comblé » (Michel Camdessus, *Vers le monde de 2050*, Paris, Fayard, 2017, pp. 183-184).

8. Une organisation territoriale morcelée nuit par-dessus tout aux libertés locales elles-mêmes en les privant des moyens d'agir avec efficacité, comme le grand espace parisien le montre avec huit niveaux d'administration se superposant : la Ville de Paris ; 1 300 communes autour d'elle ; la métropole dite du Grand Paris ; douze établissements publics territoriaux regroupant les communes de la métropole du Grand Paris à l'exception de la Ville de Paris ; la société également dite du Grand Paris ; le Syndicat des transports d'Île-de-France ; les huit départements ; enfin, la région Île-de-France. En comparaison, Londres est gérée par deux niveaux d'administration, et le rapport du nombre d'élus mobilisés entre les deux villes est de 1 à plus de 50.

9. Henry Kissinger, *World Order*, New York, Penguin Press, 2014 ; trad. fr. Odile Demange, *L'Ordre du monde*, Paris, Fayard, 2016, p. 90.

10. Svetlana Alexievitch, *Vremia second hand (konets krasnovo tcheloveka)*, Moscou, 2013 ; trad. fr. Sophie Benech, *La Fin de l'homme rouge ou le Temps du désenchantement*, Arles, Actes Sud, 2013, p. 22.

11. Selon une disposition de la loi précitée, codifiée à l'article L. 112-2 du Code du service national :

« L'appel sous les drapeaux est suspendu pour tous les Français qui sont nés après le 31 décembre 1978 et ceux qui sont rattachés aux mêmes classes de recensement. Il est rétabli à tout moment par la loi dès lors que les conditions de la défense de la Nation l'exigent ou que les objectifs assignés aux armées le nécessitent. »

12. Le budget n° 1 était celui des États-Unis, qui s'élevait à 778 milliards de dollars, soit 39 % des dépenses mondiales, le deuxième celui de la Chine, avec 260 milliards de dollars qui représentaient 13 % des dépenses mondiales ; la France se classait huitième, avec 52,7 milliards de dollars, soit un peu plus de 2 % des dépenses mondiales (Institut international de recherche sur la paix de Stockholm, 2021).

13. Général Vincent Desportes, *La Dernière Bataille de France. Lettre aux Français qui croient encore être défendus*, Paris, Gallimard, 2015, p. 31.

14. *Ibid.*, p. 34.

15. *Ibid.*, pp. 85 et 142.

16. Les pertes militaires françaises sur des opérations extérieures depuis 1963 s'élevaient, au 1er janvier 2021, à 772 hommes.

17. La diplomatie étant chose conservatrice, et sa donnée restant fatalement le rapport de forces entre les pays, il faut se garder de toute tentation candide ou idéaliste du rêve d'un monde pour soi ; de même qu'il n'y a pas fondamentalement de nouveauté, de découverte ou d'innovation en diplomatie, aucun discours qui se voudrait abolitionniste des choses sues ne peut tenir ; seule l'intelligence des situations, non la théorie, est la ressource de la diplomatie (voir M. Guénaire, *Le Retour des États*, p. 221 *sq.*).

18. Montesquieu, *De l'esprit des lois*, 1748 ; *Œuvres complètes*, Paris, Gallimard, coll. « Bibl. de la Pléiade », 1951, t. II, p. 397.

19. Raymond Carré de Malberg, *Contribution à la théorie générale de l'État*, Paris, Sirey, 1920, t. I, p. 707.

20. Chantal Arens, rentrée solennelle de la Cour de cassation, 11 janvier 2021.

3. Un nouveau commerce international à inventer (pages 85 à 102)

1. Cité par Marc Roche, *Histoire secrète d'un krach qui dure*, Paris, Albin Michel, 2016, p. 166.

2. Voir mon étude des deux libéralismes dans *Les Deux Libéralismes. Anthologie*, Paris, Perrin, 2011.

3. En France, la Poste, modèle de toutes les postes du monde à la suite du Congrès de 1878 fondant l'Union postale universelle à Paris et désignant le français comme langue officielle (l'anglais a été ajouté en 1994 comme langue de travail), après des années de réorganisation, se révèle incapable de relever le défi que lui lancent les messageries privées telles qu'Amazon ; dans deux secteurs, l'électricité et le transport ferroviaire, l'ouverture à la concurrence se traduit, dans le premier, par un accès à l'électricité nucléaire historique produite par EDF au bénéfice de fournisseurs dits alternatifs qui ne réalisent aucun investissement de production, et se traduira bientôt, dans le second, par l'allocation de lignes à des compagnies privées ou étrangères à côté de celles gérées par la RATP et la SNCF sur les mêmes infrastructures.

4. Liste loin d'être complète en vérité, puisqu'il faudrait y ajouter Airbnb, Alibaba, LinkedIn, Netflix, Twitter, Uber et autres Yahoo.

5. Les messages propagés par Internet ont ainsi pu porter atteinte à la sécurité des États et à la vie privée des individus.

6. Ma reconnaissance va aux travaux du club SOCIETECIVILE2017 qui m'ont permis de formuler cette proposition.

7. L'accord de principe sur la protection des investissements signé par la Chine et l'Union européenne le 30 décembre 2020 a été critiqué parce qu'il était silencieux sur la question des droits de l'homme, en pleine actualité sur les conditions de détention de près d'un million de Ouïgours dans des camps d'internement au sein de la province du Xinjiang, le plus grand nombre d'entre eux travaillant de force dans l'industrie du coton ; le ministre chinois du Commerce déclarait, en marge de cet accord, que son pays accordait « une grande importance à la protection du droit des travailleurs ».

8. La Chine a construit un réseau intérieur, sous la forme d'un gigantesque Intranet qui peut être fermé à tout moment, notamment aux GAFAM, et extérieur, en lançant ses propres réseaux mondiaux, WeChat, QQ, Youku et Qzone.

9. « L'expansion planétaire de ces entreprises va ralentir, bridée par la démondialisation et le nationalisme technologique », écrit justement François Lévêque (« Les entreprises géantes face au défi de la démondialisation », *Les Échos*, 21 mai 2021 ; voir Idem, *Les Entreprises hyper-puissantes. Géants et Titans, la fin du monde global ?*, Paris, Odile Jacob, 2021).

4. L'énergie ou le secteur souverain des nations (pages 103 à 130)

1. Pour récompenser son rôle dans l'effort de guerre, l'article 7 du traité de San Remo attribua à la France la part que détenait la Deutsche Bank dans la TPC ; la Compagnie française des pétroles, créée le 28 mars 1924 à l'initiative d'Ernest Mercier et constituée de capitaux exclusivement privés, acheta au gouvernement français

sa part et s'introduisit ainsi dans le cercle des compagnies pétrolières du monde, pour devenir un siècle plus tard, sous le nom de TotalEnergies, l'un des cinq premiers groupes pétroliers au monde.

2. Jean Rondot, *La Compagnie française des pétroles. Du franc-or au pétrole-franc*, Paris, Plon, 1962, p. 23.

3. Calouste Sarkis Gulbenkian reçut ainsi le surnom de « Monsieur 5 % » ; personnage énigmatique, géologue de formation, Gulbenkian avait réalisé une étude sur les champs pétrolifères de Mossoul à la demande du sultan ottoman en 1891, mais ne mit jamais les pieds en Irak où il exerça pourtant une grande influence, et c'est lui qui souffla au gouvernement français l'idée de reprendre la part de la Deutsche Bank dans la TPC.

4. Jean Rondot, *La Compagnie française des pétroles*, p. 25.

5. Timothy Mitchell, *Carbon Democracy. Political Power in the Age of Oil*, Londres, New York, Verso, 2011 ; trad. fr. Christophe Jaquet, *Carbon Democracy. Le pouvoir politique à l'ère du pétrole*, Paris, La Découverte, pp. 30-31.

6. *Ibid.*, p. 51.

7. *Ibid.*, p. 53.

8. Il faut encore noter les précédents mexicain et vénézuélien : la constitution mexicaine issue de la révolution de 1917 décréta un contrôle des hydrocarbures par l'État, alors que le Mexique était le deuxième producteur mondial après les États-Unis ; le Venezuela imposa, en 1948, un partage de la moitié de leurs bénéfices aux compagnies pétrolières.

9. La décision de mettre fin à la convertibilité du dollar en or, prise par Richard Nixon le 15 août 1971, en fragilisant les pays producteurs de pétrole qui vendaient celui-ci en dollars, a eu son rôle dans la réplique de l'OPEP, et certains jugent même a posteriori cette

décision comme ayant été le véritable facteur déclenchant le premier choc pétrolier.

10. Jean-Marie Chevalier, *Les Grandes Batailles de l'énergie. Petit traité d'une économie violente*, Paris, Gallimard, 2014, p. 87.

11. Jean-Marie Chevalier a contesté la dénomination de cette clause : « Le terme de *take or pay* (prends ou paie) est très trompeur car la clause exprime en fait une réalité toute différente dans laquelle l'acheteur s'engage à payer, qu'il prenne ou qu'il ne prenne pas, les quantités sur lesquelles il s'est engagé. Une formulation plus exacte serait : "*You take or you don't take, but anyhow you have to pay*" » (*ibid.*, pp. 279-280).

12. Surtout, la construction d'immenses gazoducs reliant des parties éloignées du grand continent européen, tels Nord Stream, passant par la mer Baltique, et South Stream, traversant la mer Noire, donne au gaz naturel la valeur d'une marchandise mondiale.

13. L'énergie appartient aussi aux nations par le fait que chaque nation a sa propre culture énergétique ; il n'y a pas une nation qui ressemble à une autre par la composition de ce qu'on appelle le bouquet énergétique, c'est-à-dire l'ensemble des sources d'énergie qu'elle consomme ; en Europe, l'Allemagne et la France ont des cultures énergétiques profondément dissemblables, l'Allemagne étant tournée vers le charbon, le gaz et les énergies renouvelables, après avoir renoncé dans la période récente au nucléaire, auquel la France reste attachée, développant de façon complémentaire les énergies du soleil et du vent ; chaque individu, dans chaque nation, a aussi sa propre approche, ses appréhensions voire ses préjugés, à l'égard des différentes sources d'énergie.

14. Dominique de Villepin, *Mémoire de paix pour temps de guerre*, Paris, Grasset, 2016, p. 161.

15. Il faut ajouter à cette externalité négative l'impact avec la technologie d'Internet qui crée une consommation supplémentaire d'énergie, car ordinateurs et téléphones portables se renouvellent de plus en plus vite et augmentent la sollicitation des sources d'énergie pour les fabriquer et les alimenter ; « cette économie que l'on a dite "immatérielle" se révèle extrêmement vorace », et représenterait en émissions de gaz à effet de serre l'équivalent de l'aviation, selon Fabrice Flipo (*Pour une philosophie politique écologiste*, Paris, Éditions Textuel, 2014, p. 39).

16. Selon les projections de l'Agence internationale de l'énergie, les énergies fossiles devraient représenter 74 % du mix énergétique en 2040 contre 81 % en 2016.

17. T. Mitchell, *Carbon Democracy*, p. 153.

18. Pour l'électricité, Jean-Marie Chevalier ne dénombrait pas moins de cinq « catégories de marchés organisés » : le *pool* obligataire où les producteurs annoncent la veille de leur libération les volumes qu'ils mettront le lendemain sur le marché, les bourses d'électricité, les marchés d'ajustement pour les achats de très court terme, les enchères de capacité et les marchés à terme où se font les achats à moyen ou long terme (*Les Grandes Batailles de l'énergie*, pp. 199-200).

19. Les États-Unis ont toujours voulu imposer le dollar comme monnaie de la vente du pétrole, jusque durant les périodes d'embargo qu'ils ont ainsi contournées sans vergogne, comme entre 1979 et 2008 pour les ventes du pétrole iranien.

20. Thomas Piketty s'est interrogé : « Les fonds pétroliers vont-ils posséder le monde ? », et a ainsi démontré que la richesse induite de l'exploitation des ressources naturelles constituait une rente pétrolière qui pouvait déboucher sur des stratégies redoutables de mainmise sur les patrimoines nationaux des pays

consommateurs, particulièrement les pays occidentaux (*Le Capital au XXI*[e] *siècle*, Paris, Seuil, 2014, p. 733 *sq.*).

21. L'utilisation des combustibles fossiles rejette dans l'atmosphère une quantité de dioxyde de carbone qui suscite l'effet de serre ; les pays responsables des émissions de gaz à effet de serre doivent s'acquitter d'une taxe au-delà de quotas d'émission tolérés dont ils échangent la valeur sur les Bourses du monde entier ; c'est cet échange qui a créé les marchés du carbone, dont les Nations unies souhaitent l'unification dans un marché mondial.

5. Les sommets du climat doivent devenir les sommets de la démographie

(pages 131 à 148)

1. F. Flipo, *Pour une philosophie politique écologiste*, p. 9.

2. Jacques Caplat, *Changeons d'agriculture, Réussir la transition*, Arles, Actes Sud, 2014, p. 17 *sq.*

3. Jean Ziegler, *Destruction massive. Géopolitique de la faim*, Paris, Seuil, 2011, p. 13.

4. Stéphane Hessel, *Citoyen sans frontières. Conversations avec Jean-Michel Helvig*, Paris, Fayard, 2008, p. 171.

5. Alfred Sauvy, « Le faux problème de la population mondiale », *Population*, n° 3, 1949, p. 448.

6. John Maynard Keynes, *La Pauvreté dans l'abondance*, Paris, Gallimard, 2002, p. 26.

7. Carlo M. Cipolla, *The Economic History of World Population*, 1962 ; trad. fr. Serge Bricanier, *Histoire économique de la population mondiale*, Paris, Gallimard, 1965, p. 123.

8. Jean-Claude Chesnais, *La Démographie*, Paris, PUF, 2010, p. 69.

9. Alfred Sauvy, *La Population*, Paris, PUF, 1979, p. 3.

10. Cité par Jean-Claude Chesnais, *La Démographie*, p. 50.

11. Il restera l'éducation de l'homme, sa capacité à comprendre sa place et sa relation avec les deux autres espèces du vivant, son rapport personnel avec la nature ; c'est le parti auquel j'ai finalement toujours cru, en tant qu'ancien élève de Jean-Marie Pelt à l'Institut européen d'écologie, et que je soutiendrai dans un prochain livre.

6. Qu'est-ce que la société civile ?
(pages 149 à 172)

1. Le *Littré* ne recense pas l'expression de « société civile » au mot « société » ; l'expression apparaît au mot « civil », pour désigner la société « qui concerne les citoyens » et, « par opposition à politique », un « ordre civil » ; le *Dictionnaire historique de la langue française* publié sous la direction d'Alain Rey l'ignore, comme d'autres dictionnaires encore.

2. Cicéron, *De la République*, trad. fr. Charles Appuhn, Paris, Garnier-Flammarion, 1965, p. 34.

3. *Ibid.*

4. Bruno Bernardi, « *Societas* et *societas civilis* : Cicéron et le droit romain », séminaire, Paris.

5. *Politique*, Livre III ; trad. de Jean Aubonnet, Paris, Soc. d'édition *Les Belles Lettres*, 1971, p. 52.

6. *Ibid.*, pp. 52 et 54.

7. John Locke, *Two Treatises of Government*, 1690 ; *The latter, An Essay Concerning the True Original, Extent, and End, of Civil Government* ; trad. fr. de Bernard Gilson, *Deux traités du gouvernement* ; second traité, *Essai sur l'origine, les limites et les fins véritables du gouvernement civil*, Paris, Vrin, 1997, p. 184.

8. *Ibid.*

9. *Ibid.*, p. 189.

10. *Ibid.*, p. 185.

11. *Ibid.*
12. *Ibid.*
13. Adam Smith, *An Inquiry into the Nature and Causes of the Wealth of Nations*, 1776 ; trad. fr. Germain Garnier, *Recherches sur la nature et les causes de la richesse des nations,* Paris, Flammarion, 1991.
14. Pierre Rosanvallon, *Le Capitalisme utopique. Histoire de l'idée de marché*, Paris, Seuil, 1999, p. 172.
15. Georg Wilhelm Friedrich Hegel, *Grundlinien der Philosophie des Rechts*, 1820 ; trad. fr. Jean-François Kervégan, *Principes de la philosophie du droit*, Paris, PUF, 2013.
16. *Ibid.*, p. 351.
17. Marcel Gauchet, *L'Avènement de la démocratie*, t. I, *La Révolution moderne*, Paris, Gallimard, 2007, p. 156.
18. *Ibid.*
19. Karl Marx et Friedrich Engels, *Die deutsche Ideologie*, 1848 ; trad. fr. Maximilien Rubel, *L'Idéologie allemande*, dans *Œuvres*, Paris, Gallimard, coll. « Bibl. de La Pléiade », 1982, t. III, p. 1068.
20. Karl Marx, *Der 18te Brumaire des Louis Napoléon*, 1852 ; trad. fr. Maximilien Rubel, *Le 18 Brumaire de Louis Bonaparte*, dans *Œuvres*, Paris, Gallimard, coll. « Bibl. de La Pléiade », 1994, t. IV, p. 477.
21. Id., « Les élections en Angleterre. Tories et Whigs », *New York Daily Tribune*, 21 août 1852 ; *ibid.*, pp. 680-681.
22. Id., « L'Espagne révolutionnaire », *New York Daily Tribune*, 9 septembre 1854 ; *ibid.*, p. 864.
23. Au siècle suivant, Antonio Gramsci développa aussi un concept de la société civile directement opposée à la société politique : la première désignait les associations et les groupes sociaux constitués indépendamment du pouvoir politique, tels les familles et les

syndicats, la seconde correspondait aux institutions étatiques ; les deux représentaient les superstructures d'une même société, la société bourgeoise, et la conquête de la société politique devait toujours permettre de dissoudre la société civile par l'avènement d'un monde sans classes.

24. John Rawls, *Political Liberalism*, New York, Colombia University Press, 1993 ; trad. fr. Catherine Audard, *Libéralisme politique*, Paris, PUF, 1995, p. 38.

25. Jeremy Rifkin, *The Third Industrial Revolution*, New York, St. Martin's Press, 2011 ; trad. fr. Françoise et Paul Chemla, *La Troisième Révolution industrielle. Comment le pouvoir latéral va transformer l'énergie, l'économie et le monde*, Paris, Les liens qui libèrent, 2012, p. 374.

26. Phillip Blond, *Red Tory : How the Left and Right Have Broken Britain and How We Can Fix It*, Londres, Faber & Faber, 2010.

27. Phillip Blond, « Ni l'État ni le marché ne fonctionnent bien en Grande-Bretagne », *Les Échos*, 27 avril 2010.

28. « Nous sommes arrivés à une époque où trop d'enfants et de gens [...] rejettent leurs problèmes sur la société. Et qui est la société ? Cela n'existe pas ! Il n'y a que des individus, hommes et femmes, et des familles » (*Woman's Own*, interview, septembre 1987).

29. François Furet, *Le Passé d'une illusion. Essai sur l'idée communiste au XX*e *siècle*, Paris, Robert Laffont/Calmann-Lévy, 1995, p. 55.

7. Le droit ou la nouvelle identité des nations (pages 173 à 195)

1. Jacques Krynen, *Le Théâtre juridique. Une histoire de la construction du droit*, Paris, Gallimard, 2018, p. 22.

2. *Ibid.*, p. 38.

3. Stéphane Rials, *La Déclaration des droits de l'homme et du citoyen*, Paris, Hachette, 1988, p. 396.

4. M. Gauchet, *L'Avènement de la démocratie*, t. IV, p. 490.

5. Michel Villey, *Philosophie du droit, I. Définition et fins du droit*, Paris, Dalloz, 1978, p. 51.

6. Raymond Odent, *Contentieux administratif*, Paris, Les Cours de droit, 1976-1981, p. 1012.

7. CE, 28 mai 1971, « Ville Nouvelle Est », *Recueil Lebon*, p. 409 ; André de Laubadère, « Le contrôle juridictionnel du pouvoir discrétionnaire dans la jurisprudence récente du Conseil d'État français. Pages de doctrine », *LGDJ*, 1980, t. 2, p. 373.

8. Hans Kelsen, *Reine Rechtslehre*, Vienne, F. Deuticke, 1934 ; trad. fr. Charles Eisenmann, *Théorie pure du droit*, Paris, Dalloz, 1962, p. 180.

9. M. Gauchet, *L'Avènement de la démocratie*, t. IV, p. 582.

10. La constitution d'un monde propre des juges, par la fermeture de ce dernier sur lui-même, authentique phénomène sociologique, viendrait renforcer l'indépendance de la justice ; en France, la création en 1958 de l'École nationale de la magistrature, installée depuis à Bordeaux, a creusé un fossé entre la justice et le pouvoir, que ce dernier n'a de cesse de critiquer.

11. Xavier de Roux, *Pitié pour la justice*, Saint-Jean-d'Angély, Ed. Jean-Michel Bordessoules, 2009, p. 33.

12. En pleine pandémie mondiale, à laquelle réagissaient les gouvernements confrontés à leurs populations, la CEDH a encouragé la vaccination obligatoire, par une décision rendue le 8 avril 2021 dans ces termes : « Lorsqu'il apparaît qu'une politique de vaccination volontaire est insuffisante pour l'obtention et la préservation de l'immunité de groupe, les autorités nationales

peuvent raisonnablement mettre en place une politique de vaccination obligatoire afin d'atteindre un niveau approprié de protection contre les maladies graves. »

8. La paix a fait l'Europe, l'Europe appartient à un temps révolu

(pages 197 à 215)

1. Que l'on en juge par ce contraste saisissant : le président des États-Unis, pays de deux siècles de christianisme, prête serment sur la Bible quand il est investi et invoque régulièrement Dieu dans les combats de la nation américaine, tandis que nos responsables politiques européens, dans une terre de vingt et un siècles de christianisme, ne cessent de le nier.

2. « Ce que les Européens de l'Est entendaient par "retour à l'Europe" après 1989 n'était pas un retour au passé, mais une avancée en direction des réalisations de l'Europe occidentale d'après-guerre, un bond auquel la culture européenne commune avait fourni la foi » (T. Snyder, *La Reconstruction des nations*, p. 453).

3. Il faut noter que l'enseignement supérieur européen qui s'est appuyé sur le programme Erasmus, organisant depuis 1987 l'échange d'étudiants et d'enseignants entre les universités, n'a pas favorisé l'indispensable circulation des élites en son sein ; de tous les continents, l'Europe est sans doute celui qui a bloqué le plus l'ascenseur social, c'est un autre de ses échecs.

4. Il faudra bien sûr un jour se demander si la Chine ne verse pas dans l'*hubris* en investissant dans des terres étrangères, ou du moins ne trompe pas l'idéal confucéen qui la consignait dans ses frontières pour lui permettre de conserver son identité bimillénaire.

5. Réduction selon le principe, consacré dans toute organisation internationale, de la représentation par pondération des membres : un siège à l'Allemagne, un

à la France, quatre aux autres États répartis en quatre groupes, celui des trois pays du Benelux et de leur voisin irlandais (Belgique, Pays-Bas, Irlande et Luxembourg), celui des pays de l'Europe du Sud (Chypre, Croatie, Espagne, Grèce, Italie, Malte et Portugal), celui des pays d'Europe centrale (Autriche, Bulgarie, Hongrie, Pologne, République tchèque, Roumanie, Slovaquie et Slovénie) et celui des pays d'Europe du Nord et orientale (Danemark, Estonie, Finlande, Lettonie, Lituanie et Suède) ; suivant l'exemple du Conseil de sécurité, les sièges des deux premiers membres, l'Allemagne et la France, parce qu'ils ont participé à la construction européenne depuis l'origine, comptent les deux premières populations et détiennent ensemble plus de la moitié de la richesse économique européenne, seraient permanents, les autres sièges seraient occupés à tour de rôle par un membre désigné au sein des quatre groupes d'États (M. Guénaire, *Le Retour des États*, p. 296 *sq.*).

6. Valéry Giscard d'Estaing, *Europa, La dernière chance de l'Europe*, préface d'Helmut Schmidt, Paris, XO Éditions, 2014, pp. 164-165.

7. Sur l'émission d'une dette européenne mutualisée, Jérôme Batout relève justement : « Dans un monde complètement financiarisé, l'incapacité d'endettement de l'UE faisait d'elle un nain politique face aux autres puissances, dont l'endettement est possédé par les investisseurs d'autres puissances et crée des liens complexes de dépendance mutuelle » (« Macron, Merkel, Machiavel », *Le Monde*, 12 juin 2020).

9. La Troisième Guerre mondiale au ralenti
(pages 217 à 238)

1. Ingeborg Bachmann, *Toute personne qui tombe a des ailes (Poèmes 1942-1967)*, trad. fr. Françoise Rétif, Paris, Gallimard, 2015, p. 169.

2. Il faudrait ajouter que, quand ses interventions ont débordé, en Afrique du Nord, avec le renversement du régime du colonel Kadhafi en 2011, puis en Afrique centrale, lors de l'intervention au Mali, deux ans plus tard, l'Occident avança le but de la libération des peuples arabes.

3. « Je voyais que, si nous gagnions la guerre, les promesses faites aux Arabes ne seraient que du papier », avait confessé Lawrence d'Arabie, qui n'avait pas été « averti, même en privé, [...] du traité Sykes-Picot » et en serait, aux côtés des Arabes, « continuellement et amèrement honteux » (*Seven Pillars of Wisdom*, 1926 ; trad. fr. Julien Deleuze, *Les Sept Piliers de la sagesse*, Paris, Gallimard, 1992, p. 391).

4. James Barr, *A Line in the Sand*, 2011 ; trad. fr. Johan-Frédérik Hel Guedj, *Une ligne dans le sable. Le conflit franco-britannique qui façonna le Moyen-Orient*, Paris, Perrin, 2017, p. 14.

5. « Beaucoup de gens étaient mécontents de la façon dont Gorbatchev menait la perestroïka, de ses bavardages, de sa faiblesse, de ses concessions unilatérales dans les pourparlers avec les Américains sur le désarmement, de la dégradation de la situation économique du pays », écrit Svetlana Alexievitch dans un témoignage on ne peut plus illustratif sur la démesure et le vide qui ont accompagné l'irruption du capitalisme en quelques années, après soixante-dix ans de communisme (S. Alexievitch, *La Fin de l'homme rouge...*, p. 138).

6. Doctrine élaborée par le cinquième président des États-Unis, James Monroe, dans un discours prononcé le 2 décembre 1823, qui limitait l'ambition de la diplomatie des États-Unis au continent américain, mais à laquelle Washington ne devait pas demeurer fidèle au-delà du XIXe siècle.

7. L'Arabie saoudite et plusieurs de ses alliés avaient cependant rompu, le 5 juin 2017, leurs relations diplomatiques avec le Qatar, qu'ils ont accusé de soutenir le terrorisme dans la région, mais ces relations ont été rétablies au début de l'année 2021 ; il faut noter que l'Arabie saoudite a récemment pris ses distances avec les États-Unis, considérant que ceux-ci ne garantissaient plus sa sécurité, et, durant la guerre en Ukraine, s'est tournée ostensiblement vers la Russie et la Chine.

8. Explosion d'une bombe, le 26 février 1993, dans l'une des tours jumelles du World Trade Center de New York, par le mouvement islamiste égyptien du cheikh Omar Abdel Rahmane ; attaques-suicides, le 7 août 1998, des ambassades américaines de Nairobi, au Kenya, et de Dar es Salaam, en Tanzanie, par des membres d'Al-Qaida ; détournement de quatre avions de ligne américains, le 11 septembre 2001, dont deux frappent les tours jumelles du World Trade Center, imputé à Oussama ben Laden et à Khalid Cheikh Mohammed.

9. Attaques, les 7 et 9 janvier 2015, du siège du journal *Charlie Hebdo* et d'un magasin Hyper Cacher ; fusillades et attaques-suicides, le 13 novembre 2015, aux abords du Stade de France, sur des terrasses de cafés et de restaurants et dans la salle de spectacle du Bataclan à Paris ; assassinat de Samuel Paty le 16 octobre 2020 à la sortie de son collège à Conflans-Sainte-Honorine.

10. Fondation pour l'innovation politique, *Les Attentats islamistes dans le monde, 1979-2021*, nouvelle éd., données collectées jusqu'au 31 mai 2021, p. 58.

11. « Outre le droit de vote aux femmes, les religieux [...] étaient contre la réforme agraire qui allait les priver des revenus de leurs vastes domaines [...] » (Farah Pahlavi, *Mémoires*, Paris, XO Éditions, 2003, p. 134).

12. Comme on le sait, Khomeyni avait été accueilli par la France durant les quinze années de son exil où

il lançait ses messages aux Iraniens contre la Révolution blanche ; quand il rentra de son exil, ce dernier déclara : « Je remercie le gouvernement français », avant de monter à bord d'un avion d'Air France ; les quatre dirigeants occidentaux, Jimmy Carter, James Callaghan, Helmut Schmidt et Valéry Giscard d'Estaing, s'étaient au préalable concertés pour valider le remplacement du shah par l'ayatollah ; c'était la première erreur de compréhension de l'islam par les Occidentaux, lourde de conséquences comme on le sait, et sur laquelle on ne cessera de s'interroger.

13. Roger Caratini, *Muhammad, prophète de l'islam*, Paris, L'Archipel, 2002, p. 273.

14. *Ibid.*, p. 435.

15. Malek Chebel, *Mohammed, prophète de l'islam*, Paris, Robert Laffont, 2016, pp. 113-114.

16. Roger Caratini, *Muhammad*, p. 515.

17. *Ibid.*, p. 597.

18. H. Kissinger, *L'Ordre du monde*, p. 114.

Conclusion
(pages 239 à 245)

1. Ernst Jünger, *In Stahlgewittern*, 1920 ; trad. fr. Henri Plard, *Orages d'acier. Journal de guerre*, Paris, Christian Bourgois éditeur, 1970, p. 57.

2. François Jullien, *Il n'y a pas d'identité culturelle*, Paris, L'Herne, 2016, pp. 88-89.

3. D. de Villepin, *Mémoire de paix pour temps de guerre*, préc., p. 14.

4. *Ibid.*, p. 265.

5. E. Jünger, *Orages d'acier*, pp. 212-213.

Composition et mise en pages
Nord Compo à Villeneuve-d'Ascq

MIXTE
Papier issu de
sources responsables
FSC® C003309
FSC
www.fsc.org

L'éditeur de cet ouvrage s'engage dans une démarche
de certification FSC® qui contribue à la préservation
des forêts pour les générations futures.

Pour en savoir plus :
www.editis.com/engagement-rse/

Achevé d'imprimer par
Normandie Roto Impression s.a.s.
61250 Lonrai (Orne)
N° d'imprimeur : 2203512

Imprimé en France